Herderbücherei

Band 1749

Christa Meves

Die Bibel hilft heilen

Meine Erfahrungen
mit leidenden Menschen

Herderbücherei

Originalausgabe, in dieser Zusammenstellung
erstmals veröffentlicht in der Herderbücherei

Buchumschlag: Werner Bleyer

Umschlagbild: Die Schwiegermutter des Petrus.
Aus: Hitda-Codex (Köln, um 1010).
Hessische Landes- und Hochschulbibliothek Darmstadt.

Inhalt

Einführung

In der Bundesrepublik Deutschland gehörte das sechste Jahrzehnt dieses Jahrhunderts der Psychologie. Die geistigen Einengungen durch den Nationalsozialismus waren endgültig überwunden. Wissenschaftliche Neuerungen in Fülle strömten ein und befruchteten den intensiven Aufbauwillen der Bevölkerung. In den USA war der Behaviourismus aufgeblüht, aller Akzent lag auf der Milieutheorie. Watsons Ausspruch: „Gebt mir zehn Menschen – und ich mache daraus, was ihr wollt" beherrschte als ein optimistisches Rezept der Einwirkmöglichkeit des Menschen auf den Menschen die Szene. Der Psychologe Skinner erträumte sein Konzept von Utopia mit dem vom Menschen zum Friedensengel entwickelten Menschen. „Zu allem kann man den Menschen machen", jubelte damals in Berlin der Pädagoge Kentler.

„Gewußt, wie" – eine Flut von Ratgebern überschwemmte den Buchmarkt. Waren die Probleme nur erkannt, schienen sie schon halb gelöst. Eysenck entwickelte in England sein desensibilisierendes Konzept der Verhaltenstherapie. Alles schien lernbar, alles trainierbar, alles therapierbar.

Wie in einem Sog geriet vor allem die evangelische

Theologie in den pragmatischen Rausch. Vom Magisch-Mythischen, vom Unerklärlichen und Nichtmachbaren gereinigt, reduzierte sie ihren Schwerpunkt auf die wahrnehmbare Welt. Sozialarbeit wurde zum Hauptanliegen. Eine rasche Ehe wurde mit der Psychologie geschlossen. Die Voraussetzung zu hauptamtlichem Psychologieeinsatz in der Diakonie war nicht länger eine christliche Weltanschauung, sondern lediglich das entsprechende Zertifikat der Universität oder anderer Ausbildungsinstitutionen. Konzepte und Rezepte zu befriedigenderen Formen des Verhaltens waren vor allem in den evangelischen Akademien gefragt. Der Arzt Jesus Christus wurde im Hintergrund abgestellt, die „Actions" der Verhaltensveränderer begannen mehr und mehr das Feld zu beherrschen.

Die katholische Kirche blieb skeptischer

Die katholische Kirche hielt sich sehr viel mehr bedeckt. Sie beharrte im eucharistischen Schwerpunkt der Messe und bediente sich eher skeptisch in mehr oder weniger sorgfältiger Auswahl des Angebots der jungen Hilfsschwester Psychologie. Aber da sich in den siebziger Jahren herausstellte, daß psychische Bedrängnisse bei immer mehr Menschen immer häufiger auftauchten, denen sich die Priester nicht gewachsen fühlten, wurde auch hier die Nachfrage nach psychologischer Fortbildung größer und zwingender. Immer mehr Theologen entschlossen sich zu therapeutischen Zusatzausbildungen und viele

Psychologen wurden in kirchliche Dienste eingestellt.

Am Anfang der achtziger Jahre stellte sich als Erfahrungsbilanz dieser farbigen Experimentierphase allmählich Ernüchterung ein. Exemplarisch zeigte sich besonders in der psychologisch hochaktiven nordelbischen Kirche: Je intensiver die Schwerpunkte vom Glaubensleben auf gruppendynamische Aktivitäten verlagert wurden, um so stärker sank der Gottesdienstbesuch, ja, um so mehr Menschen traten aus der Kirche aus. Man mußte sich eingestehen: Die Bemühung um den Menschen in seiner konkreten Situation mit den modischen Hilfsmitteln der Psychologie führte eher zu einer Abkehr vom Glauben und von der Kirche als zu einer Anbindung an sie. Christliche Gruppen verselbständigten sich zu weltlichen Vereinen. Der Pfarrer, der Bildungsreferent, der Sozialarbeiter wurden durch psychologische Zirkel und Psychotherapeuten vielfältiger neuer Richtungen ersetzt.

Sollte nicht spätestens diese Entwicklung unseren Kirchen ein dringlicher Anlaß zu der Frage sein: Wieweit sind die verschiedenen psychotherapeutischen Konzepte als Hilfsangebote des Glaubens brauchbar? Wo ist die Grenze ihrer konstruktiven Verwendbarkeit? Und gibt es Konzepte, die mit biblischer Aussage unvereinbar sind und deshalb abgewiesen werden sollten?

Es hat sich herauskristallisiert: Die Psychologie als Hilfswissenschaft ist nicht in Bausch und Bogen abzulehnen. Von entschiedenem Wert hat sich zum Beispiel die tiefenpsychologische Symbollehre bei der

Glaubensvermittlung an diejenigen Menschen erwiesen, die unter dem Einfluß des entmythologisierenden Zeitgeistes den Glauben verloren hatten, die aber im Zuge von Reifungskrisen und angesichts von leidvollen Lebenslagen neu zu fragen begannen. Daß der Seelengrund eines Menschen von Bildern erfüllt ist, die symbolische Aussagen über seelische Befindlichkeiten machen, leuchtet jedem ein, der sich die Mühe macht, über seine Träume nachzudenken. Ist dieser Zugang erst einmal eröffnet, so ist es nur ein kleiner Schritt zu der *Erkenntnis,* daß große Teile der Bibel in dieser Bildersprache verfaßt sind, ja, daß selbst Christus sich häufig und gern der „Gleichnisse" bediente in der berechtigten Hoffnung, dann tiefer, seelisch unmittelbarer verstanden zu werden.

Es wäre freilich ein unzulässiger Fehlschluß, biblische Aussagen grundsätzlich für „nichts als Bilder" zu halten. Die symbolhaften Aussagen sollten vielmehr lediglich als ein methodischer Weg zur Annäherung an Erkenntnisse verstanden werden, die der nackten Ratio eines Menschenhirns nicht zugänglich sind.

Ein sehr einleuchtendes Beispiel ist dafür die biblische Aussage, daß Gott die Erde in sechs Tagen erschaffen habe. Diese „Tage" Gottes könnten, müssen aber gewiß nicht, einer Umdrehung des kleinen Sterns Erde um sich selbst entsprechen. Daß ein Gottestag eher Millionen unserer Erdentage umfaßt, ist jedenfalls bei einigem Nachdenken wesentlich wahrscheinlicher. Es gäbe dann auch keinerlei Widerspruch mehr zu den evolutionistischen Vorstellungen der Naturwissenschaftler. Die Wahrheit der Bibel wird durch eine solche Bildersprache klarer, eindeutiger, ja wesenhafter als durch Rückschlüsse aufgrund von mühselig gesammelten Mosaiksteinen in der naturwissenschaftlichen Forschung.

Tief gleichnishaft ist zum Beispiel auch die Lehre des Neuen Testaments, daß Gott unser liebender, barmherziger „Vater" ist, der seine „Kinder" durch Anbindung an ihn, durch Liebe zu ihm von der Vorherrschaft der Natur samt Tod und Teufel zu erlösen vermag, und daß mitten in der Welt der Naturgebundenheit diese durch die Liebe Gottes entthront werden kann. Der Glaube an einen in dieser Weise allmächtigen Gott ist not, um aus der Vorherrschaft des nur Kreatürlichen entbunden werden zu können.

Wie eigentlich sollte eine solche Wahrheit besser ausgedrückt werden können als durch die Kreation einer „reinen Magd", einer „Jungfrau-Mutter" als dem Inkarnationsweg des heilbringenden Erlösers? Dieses Bild bereits trifft so tief die ganze allumfassende Aussage der Offenbarung, daß das Wunder aller Wunder, die Menschwerdung Gottes, in seiner buchstäblichen Wahrheit dadurch geradezu bewiesen wird. Wer das erst einmal begriffen hat, hat kein Bedürfnis mehr, in modischer Manier die Mutter des Herrn den Naturgöttinnen einzureihen, sondern ist in der Lage, eine solche Unterstellung als absurd und unzulässig abzuweisen.

Aus dem eben Gesagten wird deutlich, daß es von fruchtbarer Relevanz zu sein vermag, wenn wir uns um das Verstehen der Bildersprache neu bemühen. Schließlich ist sie und das Bemühen um ihre Deutung auch keine Erfindung der Tiefenpsychologie, sondern alt und älter als Davids Erkenntnisse über die Träume des Nebukadnezar. Der Tiefenpsychologie verdanken wir lediglich die Wiederbelebung dieser Kunst.

Darüber hinaus ist die Sprache der Bilder wesentlich vielgestaltiger, als sie in den Lehrgebäuden Sigmund Freuds und C. G. Jungs erscheinen. Freuds Traumdeutungen trugen durch ihre Einseitigkeit geradezu einen neurotisch perseverierenden Stempel, so daß schon unter den ersten Lehranalysanden der witzige Seufzer kursierte: „Der Zeppelin ist nicht nur ein Phallussymbol – man kann auch mit ihm fliegen."

Auch die vollständige Übernahme des Lehrgebäudes von C. G. Jung pflegt den Suchenden den Weg zum Glauben eher zu verstellen, als zu ihm hinzuführen. Zwar kann es für Christen ebenso wie für Jungianer einen Reifeschritt bedeuten, die eigenen „Balken" (nach C. G. Jung den „Schatten") nicht länger zu verdrängen, sondern sich seine eigenen Schwächen einzugestehen. Zwar ist es bereichernd, das ganze Gewimmel der widerstreitenden Impulse in sich selbst zu entdecken und aufzudecken. Zwar kann es beruhigend wirken, mit ihnen gnädig umzugehen, statt sie zu verwerfen. Negative Bewertungen der Menschen des eigenen Umfeldes als „Projektionen" zu erkennen, kann dazu beitragen, pharisäische Haltungen zugunsten einer realistischen Ehrlichkeit über die eigene Unzulänglichkeit aufzugeben. Insoweit entspricht Jungs Tiefenpsychologie Weisungen des Evangeliums und vermag diese zu erhellen und zu konkretisieren.

Sie beginnt jedoch in dem Augenblick mit dem Christentum unvereinbar zu werden, in dem der „Individuationsprozeß" zur selbsterlösenden Ersatzreligion umschwenkt. Die „Ganzwerdung" des „Individuationsprozesses" von Jung legt den Schwerpunkt auf eine Ausgestaltung und Verwirklichung der bisher ungelebten Funktionen der Seele. Zwar ist das „Selbst" nach C. G. Jung so etwas wie eine Integration des personalen in einen archetypischen Grund des kollektiven Unbewußten (eine Art religiöse Instanz also); aber schließlich – so meinte Jung gegen Ende seines Lebens – sei doch wohl „auch Jesus Christus ein Selbstsymbol".

Jesus Christus ist hingegen für den Gläubigen niemals ein „Nur", sondern allein der Weg, die Wahrheit und das Leben. Und Gnade mit all den miesen oder gar bösen Gedanken, Gnade mit all den Taten der Menschen ist in der Christenheit allein durch den Heiler – die katholische Kirche fügt hinzu: allein durch seine Anwesenheit in der Heiligen Kommunion – zu erhoffen.

So sehr also für christliche Seelsorger Halt geboten ist, wenn neue Erkenntnis über den Menschen zu einer selbstgemachten Heilslehre erhoben wird, so wenig ist es nötig, den bereichernden Erfahrungen psychotherapeutischer Beobachter aus dem Wege zu gehen. Die modernen Erkenntnisse der Entwicklungspsychologie über die Voraussetzungen seelischer Gesundheit im Erwachsenenalter durch eine verantwortungsbewußte, liebevolle und opferbereite Pflege und Erziehung des Kindes bestätigen geradezu in konkreter Beweisführung den Hauptakzent des Christentums, daß letztlich Liebe und Gehorsam für den Schöpfer allein Heil zu erbringen vermag.

Die seriösen wissenschaftlichen Ergebnisse der Geschlechterpsychologie differenzieren die unterschiedlichen Schöpfungsaufträge an Mann und Frau, wie die Genesis sie postuliert. Die typischen Schwächen der Menschen, ihre Neigung zum Beispiel zum Verleugnen, zum Beschönigen, zu Hochmut und Hartherzigkeit, zu Egoismus und Habgier, sind von der modernen Psychologie – biblisches Wissen konkretisierend – auch in ihrer Verursachung erhellend erforscht worden. Und es ist last but not least gewiß ein Verdienst der Psychologie, auf die Wunde christlich verbrämten Heuchlertums und den Machtmißbrauch mit dem Namen des Herrn und dessen üble Folgen hingewiesen zu haben. Auch das kann konkrete Hilfe zu einer Gewissenserforschung bedeuten, die gerade der von Christus getragene Gläubige nicht zu scheuen braucht.

Halt ist dagegen für Seelsorger dort geboten, wo psychotherapeutische Konzepte jede moralisch unterscheidende Bewertung zugunsten einer verschwommenen Gleichwertigkeit aller Handlungen aufzulösen suchen. Das führt zu Gleichgültigkeit und Orientierungsverlust. Und es ist auch ein Irrtum zu meinen, daß sich jedes als überflüssig erklärte

Schuldgefühl durch Zerreden beseitigen läßt. Handelt es sich um echte Schuld, so macht sie dennoch weiter ruhelos; denn nicht jedes schlechte Gewissen läßt sich als internalisiertes Elternimago festnageln und „wandeln". Und erst recht gehören außer der Erlösung von Schuld die Frage nach dem Sinn des Lebens und die Angst vor dem Tod in die befriedende Hand des bevollmächtigten Theologen.

Die Bibel ist auch ein großes Psychologiebuch

Was dem Priester dienlich sein kann, ist Wissen über die Erscheinungsformen psychischen Krankseins. Hier hat solide, geduldige Beobachtung in diesem Jahrhundert brauchbare Erfahrungen erbracht. Das Umsetzen der Bildersprache kann dem Glaubensverständnis Hilfe leisten; Kenntnis über typische existentielle Bedürfnisse der Menschen und Kenntnis über die häufigsten Konfliktformen heute sind geeignet, das große Psychologiebuch Bibel, seine exemplarischen Gestalten und seine Lösungen besser ins Feld zu führen. Durch mehr Wissen dieser Art kann es christlichen Seelsorgern möglich werden, eine besondere, neue Barmherzigkeit in der Nachfolge des Herrn zu entwickeln, mit all der endlosen Verführtheit, Gefallenheit und „Verschnittenheit", mit den vielen irreparablen frühen seelischen Beeinträchtigungen von Mutterleib und Kindesbeinen an bei so vielen Menschen heute.

Aber als Quintessenz des Großexperiments mit den liberalistischen Heilslehren aus Menschenhand (wie eine besonders mit politischer Wirkung durch Marcuse präsentiert worden ist) sollte christliche Theologie zur Kenntnis nehmen, wie sehr unsere Zeit durch das Überschreiten aller Grenzen die Unaufgebbarkeit des Christentums, insbesondere auch der 10 Gebote geradezu bestätigt hat, und wie sehr all die Unaufgebbarkeit des Suchens nach Transzendenz im spiritistischen Aberglauben neu sichtbar wird und die Kirche herausfordert.

Unser Heil ist von Menschenhand und mit noch so fabelhafter Psychotechnik allein nicht zu haben. Es ist ein Wunder, und das will erbeten, das will von befugter Hand übermittelt und ausgeteilt sein.

Wege zur Glaubensvermittlung an den Menschen der Moderne

Warum ist christliche Glaubensvermittlung heute so besonders schwer geworden? Ich glaube nicht, daß es nötig ist, daß ich darüber viele Worte mache. Der Mensch der Moderne ist nun einmal – laut Meinungsumfragen – mehrheitlich auf weltliche Glückssuche eingestellt, und er wird durch eine breitflächige Medienpropaganda dazu und zu liberalistischem Anspruchsdenken erfolgreichst manipuliert. In den achtziger Jahren wurde er darüber hinaus in einen gezielten Gegensatz zur Kirche gebracht, die als rückständig, altbacken, ewiggestrig konservativ bis reaktionär dargestellt, lächerlich gemacht und verteufelt wird.

Glaubensübermittlung ist aber auch in den vergangenen dreißig Jahren schwerer und schwerer geworden, weil der Mensch in den Industrienationen geradezu einer wissenschaftsgläubigen Technik-Vergötzung anheimgefallen ist, in eine Art Rausch des Machenkönnens, in eine hybride Omnipotenzvorstellung, in eine Selbstüberhöhung, in der die Lebenshilfe christlicher Glaube überflüssig erschien. Erschwert wurde die Glaubensvermittlung aber auch durch die so lange Phase eines nie dagewesenen Wohlstands für so viele Menschen. Es ist eine allgemeine Erfahrung der Anthropologie, daß satte Zeiten auch bereits in der Geschichte gleichzeitig die glaubensmüden waren.

*

Trotz all dieser Blockaden des Glaubenslebens ist die Chance zu seiner Wiederentdeckung aber viel hoffnungsvoller, als es auf den ersten Blick erscheinen möchte. Und zwar durch die negativen Folgen der eben beschriebenen Haltungen. Denn durch die Lebensverflachung entsteht eine des Satten überdrüssige, im Grunde fruchtbare Unzufriedenheit. Der wirtschaftliche Ruin der Ostblockstaaten vermittelt die Einsicht, daß säkulare Utopien nicht einmal im Diesseits erfolgreich sind. Die liberalistischen Übertreibungen haben darüber hinaus oft Enttäuschung, Scheidungsleid und eine Entbundenheit, die in einer vereinsamenden splendid Isolation endet, zur Folge. Vor allem aber ist es zu einer epidemischen Zunahme schwerer Kernneurosen, besonders der neurotischen Depression und der Verwahrlosung gekommen, mit ihren Facetten: Sucht, Kriminalität und Vagabundentum auf dem Boden einer verkünstlichten Frühpflege und hektische Ungeborgenheit der Kinder durch ihre Kindheit hindurch. Diese millionenfache Zahl seelisch schwer Erkrankter verursacht unter der Decke unseres properen Wohlstandslebens ein meist unerkanntes, häufig auch schamhaft verschwiegenes Potential an Leid. Leid der Erkrankten selbst, aber ebenso viel und häufig bohrend tief das Leid der Angehörigen der Erkrankten. Es ist Folter, mit einem immer wieder rückfällig werdenden Alkohol-, Rauschgift-, Freß-, Spiel- oder Kaufsüchtigen zusammenzuleben. Es ist Elend, vor lauter Fesselung an einen unserer Grundtriebe nicht leben und nicht sterben zu können – über Jahre und Jahrzehnte hindurch; denn diese Erkrankungen sind allenfalls durch Fachleute eingrenzbar, aber nicht in ihrer Grundstruktur heilbar!

● Wieso ist das Hoffnung zur Reaktivierung der Glaubensvermittlung? Nun, weil es Annäherung an die Realität bedeutet, weil es dem Menschen seine Lebenswahrheit wieder neu vermittelt: Die Wahrheit seiner Schwachheit und damit die Möglichkeit der Überwindung seiner selbstherrlichen Überheblichkeit. Not lehrt nun einmal beten. Mitten im Wohlstand machen bereits Millionen Menschen die entscheidende Grenzerfahrung, daß mit ihrer Macht allein eben nichts getan ist. Dies ist Ansatz zu neuer Suche nach Heil und neuer Tröstungsmöglichkeit, damit aber gleichzeitig eine Chance zu neuer Glaubenserweckung. Das bedeutet dringende Herausforderung für die Kirche: denn vermutlich würden die durch Leid Bedürftigen bald wieder den Heilspendern mit offenen Mündern zu Füßen sitzen, wenn sie in direkter Ansprache bei diesem ihrem Elend abgeholt werden würden, wenn ihnen mit Hiob, mit dem Gekreuzigten, mit der Pietà, mit den verheißungsvollen Antworten des Glaubens Leidensbefähigung vermittelt würde.

– Der leidende Mensch heute braucht den persönlichen Zuspruch, das auf ihn persönlich zutreffende Beispiel, und er braucht dringender als alles andere die Zusicherung eines den verlorenen Sohn erwartenden, liebenden, vergebenden, verstehenden und beschützenden Vaters, eines Gottes, der jeden einzelnen als sein geliebtes Geschöpf persönlich aufnimmt. Christus muß als der Bruder, der persönlich Mitleidende, der Mittragende, der Allgegenwärtige, als der von Schuld loskaufende, als der letztlich von aller Krankheit befreiende, als der allein Erhebende und Neumacher erlebbar werden, als der Allerbarmer, als das heilende Feuer, das im eucharistischen Hymnus glühender Liebesübermittlung in die Herzen ausgeteilt wird, so daß die modischen Versteinerungen oder Vereisungen des Gefühls durchbrochen werden. Das ist möglich durch die Messe, im Wortgottesdienst und innerhalb von kirchlichen Veranstaltungen der Gemeinde. Das ist gewiß besonders gut möglich durch seelsorgerische Besuche einzelner Gemeindemitglieder – nicht einfach nur derer, deren Notstand bereits bekannt ist – durch Besuche auch gerade bei denen, die nicht mehr am Gemeindeleben teilnehmen, die man persönlich einlädt zu persönlich packenden Gemeindeansprachen.

– Ich habe in meiner Arbeit die Erfahrung gemacht, es ist darüber hinaus außerordentlich lohnend, dem harthörigen Menschen unserer Tage den Wahrheitsgehalt der biblischen Gestalten und biblischen Bilder dergestalt gewissermaßen zu „übersetzen", daß er verstehen lernt, wie bedeutsam die Weisheiten des Offenbarungsbuches für ihn selbst – über den großen innersten Kern der Aussage hinaus – für die positive Beantwortung vieler persönlicher Lebensfragen und -entscheidungen wirksamste Hilfe zu sein vermögen.

Immer mehr Menschen scheitern heute in ihrem Leben. Aber in der Bibel wird doch schließlich klipp und klar ausgedrückt, woran das oft liegt: Daran, daß der Mensch ohne hinreichende Orientierung ins Leben geht. Der Mensch sollte besser wissen, was ihn erwartet, bevor er sich auf seinen Lebensweg begibt, daß er zur Entscheidung zum Guten oder zum Bösen, zum Glauben oder zum Unglauben, und das heißt: für das Leben oder für den Tod herausgefordert werden wird. Und das sagen ihm die großen überzeitlichen Geschichten. Sie erzählen uns das freilich oft im Gewand einer symbolhaften Bildersprache und oft in den Umkleidungen derjenigen Zeit, in der sie entstanden; aber deshalb bleiben sie unverhüllt doch für das Menschengeschlecht gültig, so lange es diese Erde bevölkert.

Daß es überzeitliche Wahrheiten und damit auch überzeitliche Warnungen geben kann, und daß das daran liegt, daß es urtypische Wesenheit, seelische Wesenheit von uns Menschen gibt, die bewirkt, daß wir aus den Erfahrungen der Alten mit sich selbst und mit ihrem Gott lernen können, diese Erkenntnis muß neu vermittelt werden. Deshalb ist es doch auch so besonders töricht, wenn unseren jungen Menschen heute gesagt wird, die Erfahrungen der Alten seien für sie nicht mehr gültig, nach ihnen brauchten sie, die ganz Neuen heute, sich nicht mehr auszurichten. Sie könnten sich den Abbruch mit der Tradition leisten, weil ihr Intellekt ausreiche als erhellender Wegweiser auf ihrem Lebensweg. Aber wenn unsere Zuhörer diese Irrtümer erst einmal als modische Überheblichkeit erkannt haben, wenn sie erst einmal so weit sind, daß sie weder auf die vermeintliche Allmacht ihres Willens noch weiter auf die vermeintliche Allmacht ihres Verstandes setzen, wenn sie erst einmal so tapfer sind, das Elend all der gescheiterten Menschen nicht zu bagatellisieren, zu verdrängen oder zu beschönigen, dann können sie auch wieder von einer realistischen, nüchternen und bescheiden gewordenen Einstellung her neu hellhörig werden für die Weisheiten, die gültige Wahrheit des großen Offenbarungsbuches.

● Dann können sie auch plötzlich erkennen, daß die Verweigerung, aus der Vergangenheit nicht mehr lernen zu wollen, pure leichtfertige, ja verantwortungslose Dummheit ist. Um es in der Sprache der Bibel auszudrücken: Wer kann es sich oder seinen Kindern zumuten, selbst noch einmal die Erfahrung von Eva und Adam zu machen, obgleich wir doch nun wissen (seit dieser Geschichte), wie diese Schlange es anstellt, was sie verführend vorlügt, und was sie eigentlich Böses beabsichtigt. Wir können so viel lernen aus den alten Geschichten – nicht nur über das Böse außermenschlicher, dämonischer Mächte, sondern vor allem auch über unsere grundsätzlichen Schwachstellen als Menschen. Es ist besser, ein Bewußtsein darüber zu haben, daß wir Menschen verführbar sind! Es täte uns modernen Frauen gut zu merken, daß wir sogar eine ganz besondere Hellhörigkeit haben – für das Gute, aber deshalb auch für das Böse, besonders wenn wir es allzu leichtgläubig mit dem für uns Besten verwechseln und nicht z. B. erkennen, daß der gezüchtete Männerhaß der Feministinnen eine modische, raffinierte, zerstörerische Teufelei ist.

– Es täte uns so gut zu wissen, daß wir es schlecht aushalten können zu ertragen, daß ein anderer besser, erfolgreicher, geliebter ist als wir und daß wir in der Gefahr sind, den dann ausschalten zu wollen – heute wie damals zu Kains und Jakobs Zeiten! Denn wenn wir dieses erst einmal aus den alten Geschichten zu lernen bereit wären, dann könnten wir auch mit dem nötigen Ernst und Eifer lernen wollen, wie die Antworten Gottes heißen, um diesen Gefahren zu widerstehen. Dann könnten wir Gottes Reden zu Adam, zu Kain, zu Jona, zu Hiob ernst nehmen und die Ohren begierig aufsperren, wenn gar der menschgewordene Gott uns zuruft: „Wahrlich, wahrlich, ich sage Euch …" Dann hört man auf mit dem Herumreden, mit dem Deuteln, mit dem Abschwächen und Aussparen! Ich will damit sagen:

Es ist nötig zu begreifen, daß durch die alten Gestalten orientierende Leuchttürme aufgestellt sind, die uns heute genauso angehen wie die Menschen, in deren Lebenszeit sie entstanden; ja, in zeitlich verändertem Gewand wiederholen sich Geschichten dieser Art auch heute so oder so wieder – mit allem Elend, das geschieht, wenn man die Fallen übersieht, wenn wir das Seelenraubtier in uns oder in unserer Umwelt falsch einschätzen; mit allem Segen und allem Reichtum, der entsteht, wenn der Mensch die entscheidenden Weichen in seinem Leben richtig stellt.

● Im Zuge dieser Übersetzungsarbeit kann es für den Menschen heute auch neu wichtig sein zu erfahren, daß er seine transzendente Erwartungshaltung nur scheinbar durch die Abkehr von der Religion beseitigt hat. Er hat diese Erwartungshaltung lediglich säkularisiert und damit im Grunde entstellt. Seine religiöse Bedürftigkeit zeigt sich heute auf Schritt und Tritt im banalen Gewand – aber eben oft im Aberglauben, im Sektierertum, in banalen Songs, die wir dann gar womöglich in unseren Heiligtümern zulassen in Verkennung des numinosen Ortes. Und die Enttäuschung der Erwartungen (die wie bei allen Surrogaten süchtig machen kann) liegt im Grunde oft darin, daß das Neu-Geglaubte der eigentlichen Sehnsucht nicht entspricht und sie infolgedessen auch nicht stillt, nicht stillen kann, weil sie auf ein Scheinziel gerichtet war.

– Dem Menschen unserer Zeit muß im Zuge der Aufdeckung seiner unabschaffbaren religiösen Bedürftigkeit darüber hinaus klar gemacht werden, daß die Naturwissenschaft zu der Erkenntnis gelangt ist, daß wissenschaftliche Forschung an eine Grenze gestoßen ist. Die Wissenschaft weiß heute glücklicherweise ja wieder, daß sie das Rätsel um den Ursprung, um den Sinn und das Ziel der Existenz nicht lösen kann. Deshalb ist es heute geradezu folgerichtig und das Gebot der Stunde, den Menschen ihre religiöse Bedürftigkeit erst einmal wieder sichtbar zu machen und sich dann intensiv eines Umsetzens der biblischen Bildersprache, gewissermaßen einer hermeneutischen Übersetzungsarbeit zu befleißigen. Hat der Mensch der Moderne die Bedeutsamkeit der Bibelaussagen für sein persönliches Leben erst einmal wieder verstehen gelernt, ist hier ein Sensorium neu entstanden, so kann es auch möglich werden, die Bedrohtheit des heutigen Menschengeschlechtes durch seinen Abfall von Gott ins Bewußtsein zu rufen.

*

Die Intensität des Glaubens und Betens läßt sich z. B. durch das Verstehen der apokalyptischen Bilder besonders gut vertiefen. Um das zu verdeutlichen, möchte ich gewissermaßen exemplarisch einige Texte aus der Offb 8 und 9 umsetzen. Dort heißt es:

Dann machten sich die sieben Engel bereit, die sieben Posaunen zu blasen.

Der erste Engel blies seine Posaune. Da fielen Hagel und Feuer, die mit Blut vermischt waren, auf das Land. Es verbrannte ein Drittel des Landes, ein Drittel der Bäume und alles grüne Gras.

Der zweite Engel blies seine Posaune. Da wurde etwas, das einem großen brennenden Berg glich, ins Meer geworfen. Ein Drittel des Meeres wurde zu Blut. Und ein Drittel der Geschöpfe, die im Meer leben, kam um, und ein Drittel der Schiffe wurde vernichtet.

Der dritte Engel blies seine Posaune. Da fiel ein großer Stern vom Himmel; er loderte wie eine Fackel und fiel auf ein Drittel der Flüsse und auf die Quellen. Der Name des Sterns ist „Wermut". Ein Drittel des Wassers wurde bitter, und viele Menschen starben durch das Wasser, weil es bitter geworden war.

Der vierte Engel blies seine Posaune. Da wurde ein Drittel der Sonne und ein Drittel des Mondes und ein Drittel der Sterne getroffen, so daß sie ein Drittel ihrer Leuchtkraft verloren und der Tag um ein Drittel dunkler wurde und ebenso die Nacht.

*Da wurden die vier Engel losgebunden, die auf Jahr
und Monat, auf Tag und Stunde bereitstanden, um ein
Drittel der Menschheit zu töten. (Offb 8, 6–12; 9, 15)*

Da wurde also etwas, das einem brennenden Berg
glich, ins Meer geworfen und ein Drittel des Meeres
wurde zu Blut.

In der Bildersprache bedeutet das Fallen des Ber-
ges ins Meer geistige Nivellierung; denn der Berg
steht dort für das Überragende, die Höhe des Geistes.
Wenn ausgesagt wird, daß durch Nivellierung ein
Drittel des Meeres zu Blut wird, so kann dies auch bedeuten, daß es unter dem Trend der Gleichmacherei
zu einer schädigenden Einschränkung der Lebenskraft, zu einem Verschwimmen und Zerfließen geistiger Bewußtheit und Substanz kommt, die einem
Rückfall ins Urtohuwabohu gleicht. Jeder Mensch
hat in sich ein Bedürfnis nach dem Höheren; er strebt
von unten nach oben, vom Primitiven zum Vielfälti-
gen, vom Natürlichen zum Geistigen, vom Unbewußten zum Bewußten, vom Nichtwissen zum Wissen,
von seelischer Schlichtheit zu seelischem Reichtum,
vom Unfreien zum Freien, vom getriebenen Egoismus zum Gutsein, zur Liebe, zur Verantwortung.
Aber wie der Aufstieg auf einen Berg kostet das viele
und immer erneute Anstrengung. Hierarchie ist uns
vorgegeben!

● Jeder Mensch ist innerhalb seines Werdeprozes-
ses immer in der Gefahr, stehen zu bleiben, ja zu-
rückzufallen, zumal dann, wenn er die Achtung vor
dem geistig Höheren verliert, wenn er das Streben
nach dem Oberen, wie es im Bild der Berge ausge-

drückt ist, aufgibt, ja das, was an Höherem besteht, durch diffamierenden Neid zu nivellieren trachtet. Das Bild des von Gott beauftragten Posaunenengels macht sichtbar, daß Gott solche Nivellierungsprozesse nicht aufhalten, sondern Kräfte, die in dieser Weise unbrauchbar geworden sind, mit ihren eigenen Waffen schlagen wird; denn eine Geisteshaltung, „die alles verachtet, was hoch ist" (so wird bereits im Buch Hiob gesagt), ist mit der destruktiven Urgewalt identisch. Deshalb kommt es in Zeiten, in denen solche Nivellierungsprozesse das Feld beherrschen, zu einer Vernichtung vieler schöpferischer Impulse des Menschen und vieler urtümlicher Lebenskräfte.

Wie weit haben wir es damit heute schon gebracht! Wie sehr kranken wir daran, unter dem Anhauch einer destruktiven Ideologie des Neides unsere Kultur durch Nivellierung zu zerstören. Wer an die Stelle des Strebens nach einer humanen Gleichwertigkeit aller Menschen den Schrei nach ihrer Gleichheit setzt, stürzt Berge ins Meer, leistet dem Rückfall in die Anarchie, in den gestaltlosen Untergang Vorschub. Gott will das Hohe in seiner Schöpfung. In vielen religiösen Bildern und Mythen ist ER selbst der Berg, der unendlich Erhabene, Hinausragende, dessen Gipfel verborgen über Wolkentürmen steht. Wer mit Gott-ist-tot-Geschrei den Berg ins Meer zu stürzen versucht, vergiftet alles Dasein, bringt es um die Wahrheit seines Sinnes, nimmt dem Leben sein Zentrum und damit jede Möglichkeit zu seiner dauerhaften Fortsetzung.

● Daß die Auswahl dieser Bilder den Verlust geistiger „Ein-sichts"-Möglichkeiten kennzeichnet, geht noch viel mächtiger und schreckerregender aus dem Posaunengericht des dritten Engels hervor: „Es fiel ein großer Stern vom Himmel, der brannte wie eine Fackel und fiel auf den dritten Teil der Flüsse und auf die Quellen. Und der Name des Sterns ist Wermut. Und der dritte Teil der Wasser wurde bitter; und viele Menschen starben durch das Wasser, weil es bitter geworden war."

Auch hier handelt es sich um einen Entstaltungsprozeß, um ein Rückgängigmachen von Schöpfung, das zu viel Bitternis, zu Not und Tod führt. Noch Höheres, noch mehr unmittelbar „Himmlisches", eben ein Stern, fällt herab und bringt einem Drittel des „Lebenswassers" Verderben.

– In der Sprache der Seele ist der Sternenhimmel ein Symbol für die aufblinkende Erhellung des Geistes mitten in der finsteren Nacht geistiger Orientierungslosigkeit und Unwissenheit. Er ist ein Zeichen kosmischer Ordnung, ein Sinnbild göttlicher Erhabenheit. Im Beachten und Aufschauen des Menschen zu den Sternen ist religiöses Streben versinnbildlicht. Deshalb sagt Kant: „Zwei Dinge erfüllen mein Gemüt mit steter Bewunderung und Ehrfurcht: Der gestirnte Himmel über mir und das moralische Gesetz in mir." Realität und Religiosität sind gemeint, wenn Raabe mahnt: „Gib acht auf die Gassen, sieh nach den Sternen." Das heißt: Wohl ist die Realität des sinnlich Wahrnehmbaren beachtenswert – sie ist aber nicht alles. Ehrfurcht zu haben vor den geheimnisvollen „höheren" Welten, ist ein entscheidendes Postulat für den Menschen. Beachtet der Mensch die Sterne nicht mehr, so werden sie herabfallen, sagt unser apokalyptisches Bild.

Ehrfurchtslosigkeit vor Gott bewirkt eine Verdunkelung des Geistes und damit eine Vergiftung des Lebens, die für viele Menschen seelisches Absterben bedeutet. In der psychotherapeutischen Arbeit läßt sich das immer wieder erfahren: Wo die Ehrfürchtigkeit einer religiösen Einstellung fehlt, ist der Mensch Krisensituationen seines Lebens viel wehrloser ausgeliefert. Die Bitternis der Verzweiflung, wie sie im „Wermut", dem außerordentlich bitter schmeckenden Extrakt der Wermutpflanze „Artemisia" ausgedrückt ist, kann den Menschen dann viel leichter packen und niederdrücken.

– Aber über diese Aussagemöglichkeit im seelischen Bereich des Individuums hinaus muß ein solches Bild uns heute geradezu erschrecken. Sind nicht in den letzten Jahrzehnten immer mehr Flüsse und Seen de facto „bitter" geworden unter dem Übermaß der Belastung mit Schmutz? Hat nicht bei uns in der Tat das große Sterben der „Kreatur der Wasser" eingesetzt? Und ist diese Entwicklung nicht eine Folge davon, daß wir in leichtfertigem Übermut und Hochmut, in einer kurzsichtigen, oberflächlichen Einstellung diese Katastrophe heraufbeschworen haben? Glauben wir doch in ehrfurchtsloser Weise, daß wir die Natur je nach unserer Willkür manipulieren und bedenkenlos in dem Suchen nach größerer Bequemlichkeit verändern können! Die Ehrfurchtslosigkeit, deren bittere Folgen uns jetzt bereits als gefährliche Existenzbedrohung sichtbar werden, unser höhnischer Mangel an Gottesfurcht – ist er nicht in der Tat ein furchtbarer Rückfall in die Einsichtslosigkeit, wie er grandios im Herabstürzen des brennenden Sterns versinnbildlicht wird?

● Um eine Steigerung dieser geistigen Verfinsterung handelt es sich im vierten Bild. Denn nun werden auch der dritte Teil der Sonne und der dritte Teil des Mondes und der dritte Teil der Sterne verdunkelt, so daß „den dritten Teil des Tages das Licht nicht schien und in der Nacht desgleichen".

Wie sehr trifft dieses Bild für unsere Situation heute zu! Wir stehen in einem destruktiven Prozeß der Diffamierung aller „höheren Werte", deren Vertreter dadurch scharenweise Mitläufer finden, daß der Nachweis des *Mißbrauchs* von Ordnung und Autorität unterscheidungslos gleichgesetzt wird mit einem scheinbaren Nachweis der *Überholtheit* dieser Werte. Die Möglichkeit, bösen Mißbrauch von gutem Brauch zu unterscheiden, schränkt sich bei immer mehr Menschen ein. „Erleuchtungen", wie sie durch die Gestirne verkörpert werden, finden immer seltener statt. Die Tag- und Nachtwelt des Geistes wird trüber; volle Einsichtigkeit findet in immer weniger Menschen statt.

Es ist hier nicht möglich, die Folgen solcher Geisteshaltung, wie sie in dem Schalengericht Gottes in der Apokalypse dargestellt werden, in den Einzelheiten zu deuten. Schreckliches geschieht, so wird beschrieben, wenn der Menschengeist durch Abfall von Gott sich auf teuflische Bahnen begibt: Im Bild der Heuschreckenschwärme wird geschildert, daß die Menschheit dann von zerstörerischem Geist zerquält und zerstochen wird. Im Bild eines Reiterheeres wird von der Vernichtung seelischer Substanz gesprochen. Wie sehr hier von geistiger Verführung mit Hilfe des Wortes geredet wird, macht die Aussage deutlich, daß die Kraft dieses Millionenheeres in seinen Mäulern zu suchen sei; aber ebenso weist die verheerende Wirkung der Schweife, die aus Schlangen bestehen, auf den Geist der Eigenmächtigkeit und der dämonisierten Sexualität hin. (Offb 9, 16–19)

Wer könnte diese Dämonie nicht für unsere Zeit heute bestätigen? So haben wir zum Beispiel einen Trend zur Vergottung sexueller Lust auf dem Boden einer Ideologie, die man sogar zu einem pädagogischen Programm erhoben hat! Dieses Programm verhindert die seelisch-geistige Ausreifung der Kinder zu echter menschlicher Liebesfähigkeit, degradiert sie zu „Sextechnikern" – veranlaßt sie zu Haltungen, die sie nicht nur schweren Sexualstörungen anheimfallen läßt, sondern die sie auch um die seelische Erfüllung ihres Lebens und ihres Auftrags, Mensch im eigentlichen Sinne zu werden, bringen kann. Feuerrot, rauchblau, schwefelgelb – das sind die Kennzeichen der exzentrischen Verstärkung des Triebhaften in und um uns durch diesen destruktiven Geist. Die Apokalypse sagt, daß ein Drittel aller Menschen die Opfer dieser Entfesselung und Dämonisierung von Sexualität (= Schlangen) und Aggressivität (= Löwenköpfen) sein werden. Dabei können leidvolle Niedergänge im Einzelschicksal gemeint sein, es kann durch die Entfesselung der Aggressivität aber auch kollektiv zu einem Überborden dieses Antriebes kommen, so daß Bürgerkriege oder gar große Kriege unter den Völkern entstehen. In solchen Fällen treffen die Visionen des Johannes häufig wörtlich zu – in Zeiten, in denen aus feuer-, rauch- und schwefelsprühenden Geschoßmündungen todbringende Granaten ausgespien werden.

– Am Ende der Schilderung eines solchen Zerstörungswerkes durch atheistischen, hochmütig-überheblichen Geist folgt der deprimierende Passus: *„Aber die übrigen Menschen, die nicht durch diese Plagen umgekommen waren, wandten sich nicht ab* von den Machwerken ihrer Hände: *Sie hörten nicht auf, sich niederzuwerfen von ihren Dämonen, vor ihren Götzen aus Gold, Silber, Erz, Stein und Holz, den Götzen, die weder sehen, noch hören, noch gehen können. Sie ließen nicht ab von Mord und Zauberei, von Unzucht und Diebstahl."* (Offb 9, 20–21)

Dies nun ist in der Tat nicht nur individuell, sondern allgemein unsere Situation heute: Wie modern ist es, die bösen, die zerstörenden Geister, den Teufel anzubeten statt Gott! Es müssen doch kaputtzukriegen sein: Die Familie, die Kinder, der Leistungswille, die Religion, notfalls auch mit heimtückischer Gewalt! Und mit welcher verblendeten, uneinsichtigen, für die Wirklichkeit gänzlich blockierten schlimm-begeisterten Gläubigkeit beten bereits Heere von Menschen den Teufel, das Tier der Apokalypse, an! Mit welch ebenso großer wie barbarischer Verblendungssucht treibt er Abend für Abend mit uns über den Fernsehschirm sein Hetzwerk des Neides und der selbstgefälligen Eigenmachbarkeit! Keiner merkt es, sagt die Apokalypse, keiner erkennt, daß bereits ein erheblicher Teil – ein Drittel der Menschen, sagt Johannes – verseucht, getötet ist, keiner zieht den

Schluß, daß Buße notwendig wäre; denn auch wir beten die goldenen und silbernen Götzen an in Gestalt des Geldes.

Nicht nur die Kapitalisten tun das. Jeder von uns ist in der so naheliegenden Versuchung, das Geld zu seinem Gott zu ernennen; denn noch kann man ihm mit Geschick und Fleiß nachrennen, noch kann man alles auf die eine Karte setzen: So viel wie möglich zu verdienen zu seinem höchsten Lebensziel zu ernennen. Jeder von uns ist in der Gefahr, sich in der Welt der leblosen Dinge zu verzetteln, zwischen den Röhren, den Automaten und der Knopfdrückerei zu vergessen, wozu diese eigentlich gedacht waren: uns mehr Freiräume zu schaffen, uns das Leben zu erleichtern, nicht damit wir unsere Bequemlichkeit besser pflegen, sondern damit wir Besseres, Tieferes, Sinnvolleres mit der gewonnenen Freiheit anfangen können. Und es ist uns trotz vieler Untersuchungsergebnisse immer noch nicht gelungen, die Erkenntnis anzunehmen, daß die Morde, daß die vielen, vielen zur Springflut anschwellenden Raubtaten und Diebstahlsdelikte ganz konkret etwas zu tun haben mit der vorgegaukelten Eigensucht der Erziehenden, mit dem Mangel an Dienstbereitschaft am Leben als Haltung, eben letztlich mit dem Mangel an Glauben, an religiöser Einstellung und Ausrichtung.

„Aber die übrigen Menschen, die nicht durch diese Plagen umgekommen waren, wandten sich nicht ab von den Machwerken ihrer Hände: Sie hörten nicht auf, sich niederzuwerfen vor ihren Dämonen, vor ihren Götzen aus Gold, Silber, Erz, Stein und Holz, den Götzen,

*die weder sehen, noch hören, noch gehen können. Sie
ließen nicht ab von Mord und Zauberei, von Unzucht
und Diebstahl." (Offb. 9, 20–21)*

Diese aufgezählten Elemente sind Symbole der leblosen Materie. Stellt sich der Mensch unter den Primat des Materiellen und seiner Antriebe allein, so verdirbt er sich selbst – sagt die Apokalypse. Mordtaten sind die Folge zuchtloser Aggressionen, Zaubereien die eines grenzüberschreitenden Machttriebes; Unzucht ist die Folge enthemmter Sexualität, und die Diebereien der Menschen entstehen durch dranghafte Habgier. Das heißt also: Wer die wertneutralen Naturtriebe nicht in den Dienst nimmt, sie nicht einspannt in die Funktion einer geistigen Gestaltung und Bewältigung seines Lebens, wer sie vergottet statt sie zu integrieren, der leistet ihrer Wucherung und damit der Notwendigkeit eines Gerichtes Gottes Vorschub!

Die Warnungen der Apokalypse sind weder Phrasen noch alte Geschichten, die nicht mehr für uns gelten. Wir können mit Hilfe der Psychopathologie vielmehr nachweisen, daß in jedem Einzelschicksal die Gefahr droht, an den wild wuchernden Antrieben zugrundezugehen, wenn sie nicht der bewußten Bändigung, Einsicht und Zügelung unterstellt werden. Kinder, denen man aus modischer Mitläuferei niemals irgendwelche Grenzen setzt, werden immer aggressiver, werden geradezu machtgierige, herrschsüchtige, immer ihre Grenzen überschreitende Erwachsene. Jugendliche, die leichtfertig in eine „polymorph-perverse Sexualität" getrieben werden, wie es superschlaue Pädagogen (zum Beispiel ein Dr. med. Korf in der Jugendzeitschrift „Bravo") tun, machen sie sexualsüchtig und rauschgiftanfällig.

„Die Jungs in meiner Klasse wollen alle mit mir pennen", sagte neulich eine Oberschülerin zu mir: „Aber ich kann es nur, wenn ich high bin (und das heißt: unter Drogen stehe), sonst sind die mir zu eklig. Neulich habe ich folgendes geträumt: Ich gehe auf einer Straße; aber sie ist plötzlich nicht mehr fest, und ich sinke durch sie hindurch in die Hölle. Ich falle unter die Vampire, sie starren mich aus riesigen Augen und mit aufgerissenen Mäulern an. In der Mitte aber steht ein französisches Bett; da penne ich mit meinen Kumpeln." Und dann sagt dieses Mädchen und schluckt dabei ihre Tränen hinunter: „Eigentlich ist mein Leben ja auch eine Hölle."

Nicht Erfüllung ihres Lebens wartet auf solche Mädchen, sondern eine zerstörte Gesundheit, eine zerstörte Seele – Apokalypse im kleinen.

Eltern, die nur dem Verdienen, nur dem goldenen Götzen nachlaufen, machen ihre Kinder durch ihren Mangel an Zeit für sie zu Verwahrlosten, zu Räubern und Dieben; denn diese Jugendlichen sind seelisch Verhungerte, von Habgier getrieben, selbst wenn die Eltern Millionäre sind. Wir leichtfertigen, wissenschaftsgläubigen, hochmütigen Modernen! Wir glauben, es gäbe für uns keine Heuschreckenschwärme, keine tötenden Reiterheere; und dennoch sind sie bereits mitten unter uns mit ihrem strafenden Gericht. Denn Menschen, die die Dämonisierbarkeit ihrer Triebe nicht mehr kennen und fürchten, die meinen, der Mensch würde von selbst friedlich, ordentlich, rücksichtsvoll und liebesfähig, wenn man ihn ohne Plan, ohne jeden Zügel läßt, überschätzen selbstherrlich ihre Kräfte.

Im Gegensatz zum Tier hat der Mensch eine kleine Spanne Freiheit über sich selbst, über seine Triebe und seine Handlungen bekommen. Nutzt er diese Freiheit nicht, um in klarem Bewußtsein seine Stellung in der Welt zu erkennen, sich selbst zu sehen als einen, der im Dienst des Schöpfers steht, als ein Eingebundener und Aufgerufener und Abhängiger in diesem Dienst, verkennt er sich illusionär als ein schrankenlos Freier, so verfällt er dem Chaos – als einzelner dem Triebchaos aus Machttrieb, Besitzgier, Sexualität und Selbstsucht, als Kollektiv der Ordnungslosigkeit und Verführbarkeit. Das ist eherne Gesetzlichkeit, unumstößliche, zeitlose Wahrheit; an vielen Fällen aus der Praxis läßt sich das beweisen. Aber kaum jemand heute wagt dergleichen mehr auszusprechen.

*

Was müssen wir letztlich tun? Eines ist gewiß: helfen kann uns nur Einsicht in die tiefste Ursache unserer Nöte, den Mangel an realitätsgerechter, das heißt religiöser Haltung. Dieser Mangel ist der Hauptnenner all unserer Bedrängnis. Auch in der Geschichte des einzelnen, in der Geschichte der Familien läßt sich diese Sünde – die Trennung von Gott und der Verlust der Ehrfurcht vor ihm – als die in vielen Variationen auftauchende Ursache des Unglücks nachweisen. Es gibt also auch nur ein Rezept für unsere Zeit, und das heißt: Buße! Wir sollten endlich damit aufhören, die

Gesellschaft anzuklagen. Die Gesellschaft, das sind doch wir alle, wir selbst! Wir sollten aufhören, uns hinter diesem Wort, hinter einem Sündenbock zu verstecken. Wir sollten uns ehrfürchtig nach oben öffnen in dankbarer, eifriger Hinwendung zum Schöpfer! Viele der schrecklichen täglichen Probleme werden dann wie die Fliegen von der Decke fallen.

Eine an der Erfahrung gewonnene Belebung des Glaubens durch ein Bewußtmachen der realen Bedrohtheit unserer Situation, der Nähe eines verdienten Strafgerichts Gottes, wird aber nur greifen und die Menschen wieder in eine konstruktive Richtungsänderung ihres Lebens bringen können, wenn zwei weitere Schwerpunkte gesetzt werden: Wenn *erstens* mit Verve die modischen Unverstandenheiten des christlichen Glaubens ausgeräumt und *zweitens* die Glückswirklichkeit des Glaubens als die größere, tiefere, ewige vor der säkularen fest in den Mittelpunkt der Glaubensübermittlung gestellt wird. Ich möchte dies noch etwas erläutern:

Die modischen Verführungen zur Glaubenslosigkeit setzen mit geradezu genüßlicher Freude heute vor allem bei der den Verführern unglaubwürdig erscheinenden *Jungfrauengeburt* von Jesus Christus an. Das ist raffiniert; denn mit dem Initialwunder aller Wunder des Evangeliums läßt sich die gesamte Glaubwürdigkeit der Aussage bei den Menschen heute mit all ihrer Aufgeklärtheit über die Biologie des Zeugungsvorgangs so besonders tiefgreifend lächerlich machen. M. E. ist es von allergrößter Wichtigkeit, daß hier nicht nur mit dem Schutzschild der Ehrfurcht vor einem unantastbaren Geheimnis Gottes geantwortet wird. Dieses Argument greift bei den Angekränkelten dann nicht mehr.

M. E. ist es an dieser Stelle unaufgebbar, auf den Sinn des Vorgangs, auf den Kern der Aussage hinzuweisen; denn sie heißt schließlich: Gott, der Schöpfer aller Natur und damit auch der Natur des Menschen offenbart mit dem Wunder seiner Inkarnation in einen menschlichen Leib hinein sein Wesen und sein Ziel mit diesem Schöpfungswerk Erde: Durch das Übermaß seines Wesens, das ein Übermaß an Liebe ist, soll durch eine Integration der Natur hinein in diesen göttlichen Geist der tödlich grausame Anteil der Natur entmachtet, geläutert und erhoben werden, so, daß das Liebesheil des Geistes die grausamen Gesetze der Natur durch die Liebe Gottes außer Kraft setzt. Das ist der Sinn der Auserwählung der „reinen Magd" Maria, der Sinn der Krankenheilungen, der Erweckungen der drei Toten durch Christus und der Auferstehung des Herrn. Das alte Testament ist dramatische Vorbereitung zur Offenbarung dieses Sinns und die Nachlese, jenseits der Himmelfahrt Christi, ist Endzeit mit der Möglichkeit zu bewußter Glaubensentscheidung, da das Himmelreich mit der Offenbarung durch das Evangelium für alle Zeiten nahe herbeigekommen ist.

Das Stehen zu dieser Wahrheit – daß Gott die Liebe ist – entscheidet für jeden einzelnen ganz real, über Segen oder Fluch, über ewiges Leben oder Tod, über den Frieden der Seele oder Heulen und Zähneklappern. Das ist dem modernen Menschen nur dadurch zu verdeutlichen, daß diese Glücksverheißung eines um das Heil jedes einzelnen Menschen besorgten Vaters so konkret wie möglich dargestellt wird. Eine besonders gute Möglichkeit bietet dazu die Darstellung des eklatanten Mißerfolgs des hypertrophen, grenzüberschreitenden Liberalismus des modernen Menschen. Man kann z. B. gar nicht oft genug betonen, wie grausam die millionenhaften Scheidungen auf die Seele der Scheidungswaisen und damit natürlich auch unglücklichmachend auf die Eltern dieser Kinder zurückwirkt. Man muß klarmachen, wie die zerquälte Schicksalslast der Frauen aussieht, die abgetrieben haben. Man muß anhand der Statistiken beschreiben, zu wieviel Krankheit und Vereinsamungselend, zu Überdruß und Lebensunlust die Abkoppelung der Sexualität aus dem Rahmen der Familie und der Fortpflanzung erbracht hat. Und man muß mit Beispielen – natürlich auch und besonders der vorbildlichen biblischen – den Segen der eingehaltenen Grenzen sichtbar machen.

Die Heiligen sollten wirklich wiederkommen, um den Menschen von der tiefen, seligen, inneren Befriedung des Lebens in der direkten Nachfolge von Christus zu berichten. Man sollte aber auch immer neu von vorbildlichen Menschen der Jetztzeit ausgehen – aber eben nicht nur von ihrer segenspendenden Wirkung, sondern vor allem; für diesen glückssüchtigen Menschen der Moderne – von der Befriedigung ihres Seins, dem Glück ihrer Seele und der oft immer direkter werdenden Geführtheit ihres Lebens ausgehen. Daß Himmelreich hier im Irdischen, Kleinen, im persönlichen Leben bereits Wirklichkeit sein kann durch die Schicksalsschickungen eines dankbaren Vaters für gehorsame, kluge Söhne und Töchter, die ihre

Freiheit mit einer Entscheidung zur Nachfolge nutzten und selig beendeten, das ist der Übermittlung wert.

Dann kann der Schutzsinn der 10 Gebote wieder verstanden und angenommen werden, dann kann die Erkenntnis und der Jubel eines Gott dankbaren Lebens der Liebe zur brennenden Einsatzbereitschaft werden. Die absolute Griffigkeit, die leuchtende, einzige Wahrheit sollte so konkret übermittelt und vorgelebt werden, um dem verelendeten Menschen unserer Tage in einer gültigen Weise zu sich selbst, und das heißt, zu seiner Rückkehr in die echte, die ewige Heimat, zu Gott, zu verhelfen.

Das Gewissen und die Hilflosigkeit

Probleme und Fragen um den Glauben und Konflikte mit ihm – das gehört in zunehmendem Maße zum Alltag eines Seelenberaters. Dabei läßt sich feststellen, daß seit ca. zehn Jahren der allgemeine Bildungsstand in Glaubensfragen sehr abgesunken ist. Bei vielen jungen Menschen wird erkennbar, daß entweder ihr Religionsunterricht unzureichend war oder daß sie so unkonzentriert bzw. uninteressiert daran teilnahmen, daß nicht genug Substanz vorhanden ist, um die seelische Not, um deretwillen Beratung oder Therapie gesucht wird, abzuwenden oder sie mit Hilfe von Glaubenskraft zu bestehen. Es ist auch nicht in jeder Situation möglich, darauf zu verweisen, daß die spezifische Glaubensproblematik die Kompetenz des Psychologen überschreitet und hier der Beichtvater, der Priester allein die eigentliche Heilung als ein Bevollmächtigter des Herrn zu geben vermöchte. Nur allzuoft sind die Patienten zunächst von dieser zentralen Wahrheit noch viel zu weit entfernt. Hader mit einem ihnen unbekannt gebliebenen Gott, Verzweiflung über die Sinnlosigkeit des eigenen Lebens, Anträge zur Legitimation eines Wunsches nach Selbsttötung, wütendes Zerren an unerträglich erscheinenden Fesselungen an Menschen und Institutionen, die Kirche inbegriffen, stehen am Beginn des Fragens und Klagens und zwingen oft lange Zeit mehr zum Zuhören als zum aktiven Raten und Weisen. Oft erscheint es mir, als gelte es, mit geduldiger Liebeskraft erst einmal die Verhärtungen des Herzens gewissermaßen aufzuweichen, ehe überhaupt differenzierter gefragt und dann auch erst verbal geantwortet werden kann.

Ein Beispiel:

Die junge Krankenschwester hat ihren Beruf aufgeben müssen; denn sie wird von einer sie Tag und Nacht plagenden Angst vor Aids gejagt. Aber wenn sie daheim auch gewiß keinerlei Möglichkeiten zur Ansteckung hat, ist mit dem Rückzug Entlastung dennoch nicht eingetreten. Jeder Fleck läßt sie argwöhnen, mit dem tödlichen Virus verseucht zu sein. Sie reinigt die Wohnung seitdem in quälender Zwanghaftigkeit. Sie wäscht sich selbst und ihre Bekleidung in langstündigen Reinigungsritualen. Es gelingt ihr nur mit äußerster, angstgejagter Anstrengung, Kaufhäuser, Wartezimmer oder Friseursalons zu betreten. Sie sah sich genötigt, sich praktisch in eine gepeinigte Isolation zurückzuziehen.

Mehrere Stunden lang waren die Kranke und ich damit beschäftigt, die tödliche Geschlechtskrankheit zu umkreisen. Auch ein erneuter Test wurde anberaumt, dessen Ergebnis aber nach der bestätigten Gesundheit der Schwester ihr lediglich für einige Stunden Entlastung erbrachte. In allen Einzelheiten rückten in fortgesetzter Wiederholung Daten, Zahlen und Ausweitungen der Epidemie ins Blickfeld. Aber das Aussprechenkönnen der Ängste bewirkte immerhin, daß sie besser schlief und zu träumen begann.

Und beim Nachdenken über einen Trauminhalt fiel ihr dann plötzlich ein, daß sie immer, wenn ihr auf der Altmännerstation ein Patient gestorben war, von der Vorstellung ergriffen worden war, er sei durch sie, durch irgendeine Nachlässigkeit von ihr gestorben. Und dann fiel ihr in plötzlicher Erschütterung ein, daß sie dieses Gefühl auch als 16jährige bei dem plötzlichen Herztod ihres Vaters bereits einmal als Gedanke angesprungen habe, mitten auf der Beerdigung des Vaters. Von dieser Phantasie geschockt, hatte sie dies schnell beiseite geschoben. Hatte sie ihren Vater wirklich vernachlässigt, fragte sie sich jetzt? Ein Problem wurde sichtbar, das dringend bearbeitet werden mußte. Im tapferen Nachdenken darüber wurde ihr jetzt zwar klar, daß sie äußerlich die brave Tochter eines pflichtbewußten Familienvaters gewesen war – aber in der Tiefe, so kam es jetzt heraus, hatte sie ihn in seinen letzten Lebensjahren überhaupt nicht gemocht. Alles an ihm war ihr unangenehm geworden: Wie er sich räusperte, wie er aß, wie er sich kratzte. Im Grunde – so schaffte sie es jetzt zuzugeben – hatte sie seinen Tod geradezu herbeigewünscht. Ja, hatte sie ihn womöglich auf diese Weise gar getötet? „Können nicht auch Gedanken töten?" fragte mich die Patientin erschüttert. „Und wenn ja, bin ich dann nicht wirklich des Todes würdig? Muß Gott mich für so eine Sünde dann nicht doch irgendwann so strafen, daß ich im Gegenzug selbst sterbe?"

Ich konnte der Patientin auf diese bohrenden Fragen antworten: „Eines ist jetzt deutlich geworden: Sie haben eine Instanz in sich, die Sie schuldig spricht und Ihnen Hinrichtung durch Aids androht. Was für eine Instanz ist das? Es ist Ihr Gewissen, das auf der Gerechtigkeit des „Aug' um Auge, Zahn um Zahn" der Urordnung beharrt. Eine solche Instanz haben wir Menschen nun einmal nötig; denn sie hat eine Schutzfunktion: Sie will uns vor dem Herausfallen aus der Schöpfungsordnung und einem Verlust der Beziehung zu Gott bewahren. Nun fallen wir Sünder zwar dennoch alle heraus. Es tut uns zum Beispiel gut, unseren Eltern dankbar zu sein, sie zu ehren, wie das vierte Gebot es empfiehlt. Und deshalb meutert unser Gewissen eben auch, wenn wir das nicht zustande bekommen, und zwar sogar auch dann, wenn die negativen Gefühle gegen treusorgende Eltern z. B. im konstruktiven Dienst eines pubertären Ablösungsprozesses stehen. Meistens läuft es im Leben des Menschen dann freilich so, daß die negativen Gefühle später den positiveren weichen, und eine Neigung zum Wiedergutmachen Vorrang bekommt, indem gewissermaßen eine fröhliche Reue und die Dankbarkeit, Liebe zurückzugeben, in den Mittelpunkt treten, wodurch die innere Ordnung wiederhergestellt wird, oft ohne daß der ganze Vorgang überhaupt voll ins Bewußtsein tritt.

Aber der Tod Ihres Vaters trat ein, ehe Sie soweit waren, aus einer größeren Instanz heraus Ihre Beziehung zu ihm bereinigen zu können. Und so verstärkte sich das Gefühl der Ungeordnetheit, ja der Schuld schließlich so, daß Ihr Leben damit vollständig überschwemmt wurde."

„Aber nun kann ich das doch nie mehr in Ordnung bringen!" schluchzte das Mädchen, „nun kann Gott mich doch wirklich nur sterben lassen."

Erst jetzt war die Stunde gekommen, in der es möglich wurde, die Patientin darauf hinzuweisen, daß sie in unserem Gespräch bereits zum zweiten Mal das Wort Gott gebraucht hatte. „Na ja, irgendwie glaube ich auch an Gott", gestand die Kranke, „aber ohne Kirche. Ich bin getauft und gefirmt. Danach habe ich mich nicht mehr darum gekümmert. Das kirchliche Leben brachte mir eben nichts." Und dann kommt es wie mit einem Geständnis: „Aber da habe ich wohl leichtfertig etwas vernachlässigt, was für mich wichtig gewesen wäre!"

Ich kann das nur bestätigen und weise die Patientin darauf hin, daß dieses Versäumte die Möglichkeit und das Angebot einer reifenden Beziehung zu Gott sei. Unser Gewissen bohre eben auch gegen unseren Willen und Widerstand weiter, wenn wir eine tiefgreifende Ungeordnetheit nicht bereinigt hätten. Und wenn wir das nicht ins Bewußtsein bekämen, dann nötigte es uns, durch das Leiden an einer Verallgemeinerung unseres seelischen Reinigungsbedürfnisses gewissermaßen mit aller Gewalt zu spüren zu bekommen, daß es in uns ein unerledigtes existenzielles Problem gibt. Je mehr wir uns verschließen, um so massiver wird sein Druck, ja, es entwickelt eine quälerische Strenge bis zur innerseelischen Drohung mit einem tödlichen Strafgericht. Aber das so vorgehende Gewissen ist nicht mit Gott gleichzusetzen!

Das Gewissen ist lediglich ein Ordnungswächter. Es hat die Aufgabe zu verhindern, daß wir gänzlich verlorengehen. Aber erst wenn wir im Netz des Gewissens fest sitzen, geraten wir in einen Zustand absoluter Hilflosigkeit; erst dann erfahren wir, daß mit unserer Macht allein nichts getan ist, erst dann werden wir reif für Gottes Barmherzigkeit; denn dieser unser Gott ist kein Scharfrichter, sondern ein gütiger, liebevollster, vergebender Vater. Er ist Liebe, die jedes einzelne seiner Kinder ohnehin durchschaut, kennt samt all ihrer Fehlerhaftigkeit, samt all ihrer Schwäche und Versuchbarkeit. Und dieser Vater nimmt uns nicht nur wieder auf, wenn wir uns voller Reue vor seine Füße werfen, sondern er hat für uns durch Jesus Christus jede unserer persönlichen Ungeordnetheiten bereits in Ordnung verwandelt. Und, durch die Gegenwart von Jesus Christus in der Kommunion besiegelt, wird jeder von uns in die Lage versetzt, mit Hilfe eines bevollmächtigten Priesters von jeder im Bußsakrament bekannten Schuld befreit zu werden."

„Das muß ich versuchen", antwortet die Patientin. „Das habe ich bisher noch gar nicht im Bewußtsein gehabt, daß Glaube uns so persönlich meint und für uns so lebenswichtig ist."

Genuß ohne Reue?

„Ich hätte so gern ein Kind", klagt die noch ganz mädchenhafte 36jährige Frau mir gegenüber. Mein Mann und ich sind so glücklich verheiratet, wir haben ein schönes Haus mit einem hübschen Garten. Alles ist da für eine Familie. Seit einiger Zeit weiß ich nun auch, woran es liegt, daß bei uns die Wiege leer bleibt! Frisch verliebt in meinen Mann habe ich mich damals beraten lassen und mir die Spirale einsetzen lassen. Wir konnten nicht gleich heiraten – beide standen wir noch in der Ausbildung. Aber dann bekam ich eine Eileiterentzündung, die zwar relativ rasch abheilte. Aber seitdem – so ist der ärztliche Befund – sind beide Eileiter derart verklebt, daß die Möglichkeit zu einer natürlichen Empfängnis nie mehr bestehen wird.

● Nun aber mein Problem: Mein Frauenarzt hat mir den Vorschlag einer extrakorporalen Befruchtung gemacht. Freilich hat er mir lächelnd erklärt: Dabei käme es nicht selten auch zu Mehrlingsschwangerschaften. Man könne dann aber, nach einer Ultraschalluntersuchung, gewissermaßen selbst bestimmen, was man austragen wolle und was nicht. Ich fragte ihn schockiert, ob das hieße, daß dann die „überflüssigen" Babys auf Wunsch abgetrieben wür-

den. Das bestätigte er mir und fügte hinzu: Mehr-
lingsschwangerschaft in größerer Zahl – das wäre für
mich bei meiner Zartheit ohnehin eine Lebensgefähr-
dung und infolgedessen rechtlich auch eine medizini-
sche Indikation. „Nun", hat er gesagt, „es geschieht
jetzt ja immer häufiger, daß die Frauen darauf bestehen, *alle* Kinder auszutragen. Freilich kommt es dabei in hohen Prozentsätzen zu Frühgeburten und zu
langer Brutkastenzeit für die oft extrem untergewich-
tigen Kinder."

„Und wie überstehen die Kinder den Brutkasten?"

„Gut, wenn sie schon ziemlich reif und nicht zu
klein sein."

„Und sonst?", bohrte ich. „Dann sind sie nicht selten behindert", wußte mein Arzt.

Ich war wie betäubt und habe mir Bedenkzeit erbeten.

Inzwischen haben mein Mann und ich uns ausführ-
lich mit dem Problem beschäftigt. Wir haben die neue
gynäkologische Fachliteratur gewälzt und uns nach
Erfahrungen umgehört. Da gab es alles: Freude und
Glück von Eltern über ein gesundes Baby, die lange
kinderlos waren. Es gab ein überfordertes Elternpaar
mit überzarten, ewig kranken Fünflingen; es gab eine
vom Schicksal geduckte Frau, die nach langer Un-
fruchtbarkeit mit Hormonen behandelt und danach
mit Drillingen schwanger wurde. Aber und dann
stellte sich im 5. Monat heraus, daß sie eine Multiple
Sklerose hatte. Man trieb die Kinder ab, um die Mutter zu retten, obgleich sie sie schon so munter hatte
pochen hören ...

Da habe ich in Gesichter geschaut, die von Leid geradezu entstellt waren – und in andere, die in ihrem Mutterglück meine Sehnsucht zum Sieden brachten. Ich brauche Ihren Rat", beendet die junge Frau ihren Bericht.

„Sind Sie gläubig", frage ich.

„Ja", erwidert sie, „wir sind katholisch – und wir haben uns natürlich auch dies längst gesagt: Hätten wir uns an die Anweisungen unserer Kirche gehalten, wären wir nicht so ungeduldig gewesen, hätten wir diese verdammte Spirale nicht verwendet – wir haben bei einem Schweizer Fachmann gelesen, es sei ein unzulässiger Kunstfehler, sie jungen Mädchen einzusetzen –, dann hätten wir unser Problem nicht. Wir sind schuld, gewiß, wir haben in all unserer Leichtgläubigkeit gemeint, diese sogenannten fortschrittlichen Fachleute wüßten, was sie verantworten könnten. Hinterher waren wir klüger. Jetzt wissen wir, daß wir besser auf unseren Gott, besser auf seine Kirche gehört hätten und daß der rasche ungeduldige Genuß eben doch kein Genuß ohne Verantwortung war, daß die Sache mit den Kindern viel zu heilig ist, als daß man da einfach so unbedenklich eingreifen dürfte."

„So fragen Sie mit dieser Erfahrung doch jetzt unseren Gott", empfehle ich. Die junge Frau schaut mich mit großen Augen an; dann senkt sie den Kopf und sagt sehr leise: „Ja, ich weiß, was er sagt. Wir sollen uns nicht als Alleinmacher verstehen, wir sollen das Mysterium des Lebens aus Seiner Hand empfangen! Nur" – kommt es mit tränenerstickter Stimme – „es ist so schwer, dazu ja zu sagen, es ist wie eine lebenslängliche, nie wieder zu reparierende Strafe."

„Auf jedes Gott-gefällige, schwer errungene demütige Ja folgt nicht Strafe, sondern „ Segen", entgegne ich, „und zwar sehr grundsätzlich. Oft will es mir geradezu so scheinen, als gäbe es dann so etwas wie besonderen Segen durch unseren dankbaren Gott. Lassen Sie das auf sich zukommen! Setzen Sie sich doch einmal mit den Lebensrechtsbewegungen in Verbindung, die so vielen Müttern in Not begegnen, die ihr Kind gern adoptieren lassen würden, wenn sie sehen würden, welches liebevolle warme Nest da schon wartet. Man muß sich nicht unbedingt auf der Jugendamtsliste als Nr. 399 der adoptionswilligen Eltern führen lassen. Es gibt auch unbürokratische Wege. Man darf auch beten um die Rettung eines dieser 300 000 Ungeborenen, die bei uns Jahr für Jahr in den Klinikmülltonnen landen. So zu handeln – wieviel mehr ist das als Resignation oder Trotz! Es ist tiefe Umkehr darin enthalten in einer Weise, die uns allen Hoffnung geben kann auf Zukunft überhaupt." –

Eine wunderbare Nachricht erreichte mich heute: „Unser Immanuel – 7 Pfund, dunkle Augen, kräftige Stimme – wurde uns drei Tage nach seiner Geburt anvertraut. Hallelujah!"

Immer weitere Ketten von Leid?

Ein Landwirt bittet mich um Hilfe. Seine Frau sei in einem so verzweifelten Zustand, daß man fürchten müsse, sie nähme sich das Leben. Der Augenschein läßt erkennen, daß er nicht übertrieben hat: Eine schwerst depressive, durch Schlaflosigkeit erbleichte Frau sitzt mir unaufhörlich weinend gegenüber. Aber ihre Not hat eine sehr reale, akute Vorgeschichte. Als einzige Tochter ihrer Eltern hat sie gemeinsam mit ihrem Mann den stattlichen Hof übernommen und bewirtschaftet ihn bereits nach dem Tod der Mutter seit 20 Jahren. Der Vater – sehr rüstig noch – lebte mit im Haus und hatte sich noch weiter ganz und gar in die Arbeit eingespannt, nachdem er den Hof in die Hand der Kinder gegeben hatte.

Aber in den letzten Jahren waren sie in eine finanzielle Krise geraten. Unstimmigkeiten über diese und jene notwendigen Umstellungen und Anschaffungen waren aufgetreten. Eines Abends hatte es zwischen Vater und Tochter eine heftige Auseinandersetzung gegeben, bevor der Vater zu einem seiner gewohnten Umgänge aufgebrochen war. Eine Tür war im Zorn laut ins Schloß gefallen.

Erst am nächsten Morgen entdeckte man, daß der

Vater nicht zurückgekehrt war. Waldarbeiter fanden ihn an einem Baum erhängt auf.

Die Tochter hat das nicht überwinden können. Sie macht sich die bittersten Vorwürfe. Schuldgefühle plagen sie. Wie wenig ist sie ihrem Vater gerecht geworden! Sie hat sich geliebt, gewiß. Aber sie hat ihn doch offensichtlich nicht verstanden, meint sie. Wie einsam muß er gewesen sein, wie verlassen muß er sich gefühlt haben, um in dieser schrecklichen Weise Hand an sich zu legen.

„Sühnen läßt sich meine Schuld doch nur, indem ich ihm nachsterbe", weint die Tochter. „Mit dieser Schuld kann ich nicht leben."

Ich frage, ob der Vater gläubig gewesen sei. Die Frau zögert. Ja, katholisch seien sie, aber das Band zur Kirche sei ihnen mehr und mehr verlorengegangen. Die viele Arbeit auf dem Hof, eine ziemlich weit entfernte Pfarrei hätten sie erlahmen lassen – lange schon. Sie hätte auch nach dem Tod des Vaters die Verbindung nicht wieder gesucht.

„Wie denn soll nur Jesus Christus diese meine so große Schuld vergeben können?" klagt die Bauersfrau und bricht abermals in Tränen aus.

Ich frage die Trauernde, ob ihr wohl schon einmal der Gedanke gekommen sei, daß ihr Vater vor allem *jetzt* der Hilfe bedürfe. Meine Patientin sieht mich verständnislos an. Er habe doch sein Leben mit einer Tötung beendet, gebe ich zu bedenken. Er habe das Ende seines Lebens nicht in Gottes Hand gelegt, sondern sich selbst an dessen Stelle gesetzt. Für einen Christen sei das aber unzulässig. Leben ist Leihgabe von Gott und steht nicht in der Verfügung des Menschen. Es selbständig zu beenden, ist immerhin eine sündhafte Anmaßung. Darüber hinaus habe der Vater sich offenbar im Zorn über die Tochter das Leben genommen und vermutlich sogar das in Kauf genommen, was jetzt eingetreten sei: Ihr als Vergeltung für das ihn vermutlich kränkende Wortgefecht die Lebenskraft so zu rauben, daß sie in die Gefahr einer Nachfolgetat gerate. Da habe er dann ja auch die Sensibilität seiner Tochter richtig eingeschätzt. Ob sie wohl meine, daß diese Absicht und seine Selbsttötung vor Gottes Thron bestehen könne?

„Aber ich kann doch jetzt nichts mehr für ihn tun", quält sich die Trauernde.

Ich gebe ihr hingegen zu bedenken, daß ihr Leiden, ihr Wunsch, dem Vater nachzusterben, weitere Ketten von Leid auslösen würden – für ihren Mann und auch für ihre erwachsenen Kinder. Ihnen allen würde Einbuße an Lebenskraft zugemutet – ganz im Sinne des großen Schillerwortes, daß „böse Tat fortzeugend Böses muß gebären" – ganz im Sinne der Bibel auch, die weiß, daß sich Sünde u. U. bis ins dritte und vierte Glied in der Nachkommenschaft fortpflanzt – ausgesäter Tod, Bemächtigung von Menschenschicksal durch den Widersacher Gottes.

„Aber was soll ich denn tun?" fragt die Verstörte. „Als erstes: Das Bußsakrament und die Eucharistie in Anspruch nehmen, vor allem aber für den Vater beten, für ihn Messe lesen lassen, Christus sehr persönlich bitten, ihr die Schuld und die Trauer tragen zu helfen, sich selbst ganz bewußt in die Leidensfügsamkeit zu stellen, um so die auf eigenmächtige Lebenszerstörung gestellte Weiche mit Gottes Hilfe wieder aufs Leben hin zu verändern.

Gott hat für uns alle das Leben erkauft, Leben in aller Ewigkeit; aber er kann nichts für uns tun, wenn wir uns eigenmächtig dem Tod verschreiben. Ihr Vater braucht Sie – jetzt. Der Fürchterlichkeit seiner reuevollen Qualen jetzt, jenseits seines Lebens, können nur Sie durch eine bewußte Abwehr der tödlichen Weichenstellung in ihrer aller Leben heilsam begegnen. Dazu fehlt Ihnen zwar noch die Kraft. Aber Sie können Sie sich erbeten, und alle in Ihrem Umfeld werden Sie darin unterstützen."

Der Weg aus dem Teufelskreis

„Ach, ich bin ein so elender Versager", klagt das junge Mädchen, das vor mir sitzt. „Als Vierzehnjährige war ich einmal so aktiv in der katholischen Jugendarbeit; was habe ich damals für hohe Pläne gehabt! Missionarin wollte ich werden oder Entwicklungshelferin – in der Nachfolge für Jesus Christus wollte ich mein Leben gestalten. Aber dann ging ich statt dessen in die Magersucht. Dreimal bin ich langfristig in Spezialkliniken gewesen, und nun humple ich mühsam durch eine Berufsausbildung zur Altenpflegerin. Aber selbst dies bringe ich nur ganz mühsam zustande. Meine Gedanken sind mit nichts anderem beschäftigt als mit Essen! Es ist einfach widerlich – wie niedrig, wie blöde! Aber es hilft nichts, daß ich mich beschimpfe und zur Ordnung rufe. Wie ein Dämon drängt sich die Eßproblematik in den Vordergrund! Und dann immer wieder dieser furchtbare Gedanke, wie traurig Jesus Christus über mich sein muß, wie ich ihn enttäuscht habe; wie wenig ich wirklich berechtigt bin, hier noch länger herumzulaufen und anderen Leuten mit mehr Lebensberechtigung das Brot wegzufressen. Dieser Gedanke macht mich ganz krank, und macht es mir immer weniger möglich, mich satt zu essen. Ich sitze so richtig in der Falle!"

Das allerdings war gewiß eine richtige Beobachtung; denn das Selbstverwerfen des Mädchens verstärkte fortgesetzt sein Minderwertigkeitsgefühl und damit seine Depression. Durch sie wurde die Unterernährung immer größer und mit ihr die Zunahme eines bohrenden Hungers, der die Gedanken ans Essen fesselte – ein unentrinnbarer Teufelskreis! „Daß ich noch zur Messe gehe, hat wirklich keinen Zweck", resümiert das Mädchen. „Gott kann mir gewiß nicht vergeben. Ich mache meinen Eltern die größten Sorgen, ich sündige weiter trotz Bußsakrament. Ich gehöre zu der Sorte von Fischen, die Gott als untauglich beiseite tun wird, wenn er seinen großen Menschenfischzug sortiert."

„Aber spielst Du mit solchen Gedanken nicht selbst den großen Richter? Wäre es nicht angemessener, es IHM zu überlassen, Dich zu bewerten? Hast Du nicht vielleicht ein viel zu negatives Bild von Dir? Wäre es nicht möglich, daß dieses Bild in der Wirklichkeit ganz anders – viel positiver und viel barmherziger aussehen könnte?"

Ich beginne nun dem Mädchen seine Vorgeschichte zu interpretieren, die geeignet ist, einen Kinderpsychotherapeuten tief zu erschrecken: Die Eltern des Mädchens hatten vor 20 Jahren, mit dem damaligen Baby auf dem Arm, einen Fluchtversuch aus der DDR unternommen. Er scheiterte, die Eltern wurden inhaftiert. Das Kind wurde ihnen entrissen und in ein Heim gegeben. Losgekauft von der Regierung der

Bundesrepublik, hatten sie lange und verzweifelt um die Herausgabe des Kindes kämpfen müssen. Als sie es endlich wieder in ihre Obhut nahmen, war es lange von einer stumpfen Traurigkeit gewesen, hatte nicht laufen können, nicht essen wollen, näßte und kotete noch lange ein. Allmählich nur hatte die Vierjährige begreifen gelernt, daß es ihre Mutter und ihr Vater waren, die sie wiedergefunden hatte. Ein Rest blieb. Die Mutter drückt es so aus: „In ihren Augen ist so etwas wie ein stummer Vorwurf, frei nach dem Christuswort: „Mama, Mama, warum hast Du mich verlassen?""

Diese Schilderung der Mutter greife ich jetzt auf und erkläre dem Mädchen: „Ines, wollen wir nicht einmal gemeinsam versuchen, uns vorzustellen, wie es unserem Gott angesichts Deines Schicksals ergangen ist? Denke bitte – er schuf Dich in Liebe als ein süßes kleines Mädchen, aber Du fielst unter die Räuber, unter Menschen, die ein erbarmungsloses System praktizierten, die brutal und lieblos Dir und Deinen Eltern ihre Menschenrechte verweigerten. Du hast, klein und unreif wie Du warst, gewiß nicht weniger gelitten als unser Gott am Kreuz. Du konntest zwar nur schreien, schreien, schreien – aber Du fühltest doch wie Er: Warum bin ich SO verlassen? Meinst Du nicht, daß er mit Dir weinte und für Dich bewirkte, daß Deine Leidenszeit ein Ende nahm? Aber Du hast den Schmerz in der Tiefe nicht überwinden können. Da saß eine Anklage gegen Deine Mutter in Deiner Seele, die in dem Maß, wie Dein Verstand Dir sagte, daß sie unberechtigt sei, in dem Maß, wie Du erlebtest, daß Deine Eltern alles für Dich taten, sich als bohrender Stachel der Enttäuschung gegen Dich selbst wandte. Dann mußtest Du selbst wohl schlimm sein, unbrauchbar, nichtswürdig, ohne Lebensrecht. Sich so selbst zu verwerfen, ist die Einstiegspforte zur Angst vor der Nahrungsaufnahme; denn Essen heißt schließlich ja sagen zum Leben. Und wer sich selbst verneint, spricht damit eben ein Nein zum Leben.

Verwirft unser Dich tief kennender Gott Dich deshalb? Das tut er gewiß nicht, hat er doch dieses Gefühl selbst als die Neige des bittersten Kelches am Kreuz getrunken. Er kennt Dich also, und er versteht. Ja, nicht nur das: Er sieht, wie das Mädchen Ines mit einer unverschuldeten Seelenwunde dennoch ihr Kreuz schleppt, ein Opferlamm des Leidens und damit aber in einer Nachfolge, wie sie unmittelbarer gar nicht geht. Was jetzt allein noch nötig ist, Ines, das ist, daß Du Dich in eine Leidensgemeinschaft mit Jesus Christus stellst und dieses Kreuz als Deinen Weg, ja, als Deine Bestimmung im Geist unseres Herrn bejahst. Jesus Christus hat Dich durch ein schweres Kreuz nicht benachteiligt und gewiß erst recht nicht verworfen, sondern ausgezeichnet! Sagst Du ja zu diesem Kreuz, so sagst Du auch ja zu Deiner Bestimmung. Sagst Du zu ihr ja, sagst Du unmittelbar gleichzeitig ja zu Dir selbst. Dann kannst Du es auf einmal annehmen, daß alle Dinge, die Gott schickt, durch Ja-Sagen zum Besten geraten können! Sagst Du ja zu Deiner Not, so wirst Du auch neu wieder einige Deiner großen Essensbedürfnisse erfüllen können, wenn vermutlich auch noch nicht gleich die heißesten. Denn die machen auch noch am meisten Angst. Mit dem Wissen, daß Dein Körper ein Gottesgeschenk ist, läßt es sich eher schaffen, ihn zu kräftigen, ohne ihn an Deine Unersättlichkeit auszuliefern.

Liebe hin zu dem großen Allerbarmer, fühle dich von IHM bis in die kleinste Faser Deines Herzens verstanden, baue auf Seine Liebe für Dich. Dann wird die große Verheißung sich auch für Dich erfüllen können: „In der Welt seid ihr in Bedrängnis; aber habt Mut: Ich habe die Welt besiegt."

Überwindende Liebe – Haltbares Eheglück

Ein Ehemann sitzt mir gegenüber, Jungakademiker, Vater zweier Kleinkinder. Er ist von weit hergereist, denn er sucht einen Ratgeber auf christlicher Basis. Er gehört einer strenggläubigen Sekte an, die sich von der ev.-luth. Kirche abgespalten hat.

„Ich befinde mich in einer existentiellen Krise", beginnt er unser Gespräch. „Ich habe eine physische Abneigung gegen meine Frau entwickelt. Ich kann so nicht leben. Mir bleibt nichts anderes übrig, als mich scheiden zu lassen." Er habe seine Frau aus Liebe geheiratet. Sie sei nett und ansehnlich, gewiß, eine Kommilitonin von der gleichen Fakultät. Von daher hätte es eigentlich ideal sein müssen, was es zunächst auch war. Aber dann hätten sich die beiden Kinder eingestellt, und von Stund an sei er zum dritten, ja gar zum vierten Rad am Familienwagen abgesunken. „Sie stillt und wickelt und füttert und singt, sie wäscht und kocht – immer hängt eins der Kinder an Hals oder Rock. Ja, gewiß, ich freue mich auch, daß wir zwei gesunde Kinder haben. Aber sie ist davon völlig vereinnahmt! Jetzt stillt sie praktisch mit einem kurzen Intervall von nur einigen Monaten an die drei Jahre! Und ich nage statt dessen gewissermaßem am Hungertuch. Wenn ich mich beklage, lächelt meine

Frau und sagt: ‚Du siehst doch, daß jetzt die Lade-
marke meiner Beanspruchung mehr als überschritten
ist'. Oder sie wird in der letzten Zeit dann auch schon
geradezu pampig und sagt grimmig: ‚Dann pack doch
mit zu!'" Aber dazu hätte er kaum Zeit. Er sei mit wis-
senschaftlicher Arbeit beschäftigt, die auch seine
Freizeit in Anspruch nähme. „Ich habe den Verdacht", schließt der Mann seine Anklage, „daß meine
Frau zu echter Gattenliebe einfach unfähig ist."

Ich bitte den jungen Wissenschaftler zunächst um
eine Unterredung gemeinsam mit seiner Frau.

„Ich bin eigentlich ziemlich enttäuscht über meinen Mann", meint diese, „zum Familienvater hat er
sich jedenfalls noch nicht entwickelt. Ich habe mir
vorgestellt, daß er sich ein wenig in meine gestreßte
Situation mit den beiden Kleinkindern ohne jede weitere Hilfe einfühlen würde; aber er denkt eben nur an
sich. Er benimmt sich eigentlich mehr wie ein fru-
striertes älteres Geschwister als wie ein Erwachsener.
Mich kränkt das, und so ziehe ich mich innerlich immer mehr zurück. Ich hätte mehr von ihm erwartet."

Das sind so typische Enttäuschungen junger mo-
derner Eltern aneinander. Beide haben hohe Ansprüche, beide oft geradezu klischeehafte Erwartungen.
Da sie angesichts eines strapaziösen Alltags nicht erfüllt werden, ziehen sich beide in ihre Schneckenhäu-
ser zurück und sinnen gar auf Auszug, der dann leider
heute auch nur allzuoft geschieht. Aber hier handelt
es sich um ein christliches Ehepaar, das nun auch
noch zusätzlich in einen Konflikt mit dem Christus-
gebot lebenslänglicher Einehe gerät. Beratung vor allem in diesem Sinne wurde von mir erwartet.

– Erneut also wurde eine Unterredung mit dem Ehemann anberaumt. Ich frage ihn, ob ihm nicht schon einmal eingefallen sei, daß diese Ehephase mit einer sehr in Anspruch genommenen Ehefrau nicht gerade als ein spezieller Auftrag Gottes an ihn verstanden werden könne. „Leben als Auftrag!" Der Jungakademiker nickt. Gewiß doch, so verstehe er seinen Beruf. Hier habe er seine Begabung, und sie dürfe gewiß nicht als Licht unter den Scheffel, lächelt er bibelkundig. Das Stillen als Auftrag gäbe es für ihn schließlich nicht.

„Aber Hochachtung der Ehefrau für diesen ihren Dienst, Schutz für sie, Anerkennung und Hellhörigkeit im Abnehmen von Mühseligkeiten", entgegne ich.

Ärger beginnt die Stirn meines Gesprächspartners zu umwölken: „Soll ich ihr Handlanger werden?", fragt er.

„Nein", entgegne ich, „sondern viel eher als Christ diese Ihre Lebensphase als ein von einem liebenden Gott zugeordnetes Geschick als besonders sinnvoll für Ihre eigene Lebensreifung verstehen.

„Wieso ist es sinnvoll, daß ich von meiner Frau wie ein z. Zt. nicht verwendungsfähiger Gebrauchsgegenstand beiseite gestellt werde?"

„Aber das ist doch nur eine Folge ihrer egozentrischen Fehleinstellung", wage ich ihm zuzumuten. „Um des Gedeihens der Kleinkinder willen den eigenen Anspruch auf die Ehefrau zurückzustellen, das ist vielmehr eine Anforderung an Sie, die z. Zt. eine Notwendigkeit wäre. Sie bedeutet einen Verzicht von Wünschen der eigenen Person zugunsten der Erfüllung einer wertvollsten, gemeinsamen Aufgabe für Gott! Solche Überwindung ist zwar eine schwere Leistung, aber ganz gewiß eine, der großer Segen innewohnt: Ihre Kinder gedeihen, und Ihre Frau bekommt durch Ihre Achtung für sie mehr Lebenskraft – auch für Sie."

„Aber wie soll das der liebende Gott für mich wollen? Es geht mir immerhin doch ganz schön mies dabei."

„Weil Sie auf diese Weise auf den Weg zur überwindenden Liebe gebracht werden und weil gerade auf diese Weise haltbares Eheglück entsteht."

„Aber meine Frau gibt mir einfach zu wenig", kommt es noch einmal begriffsstutzig. „Die Frage: ‚Gibst du mir auch genug?' ist die Frage des Säuglings an seine Mutter", antworte ich. „Diesen Anspruch darf Ihre Frau Ihnen gar nicht erfüllen – Sie würden dann auf den Säuglingsstatus regredieren. Es ist aber Ihre Lebensaufgabe, vorwärts – und nicht zurück zu gehen. Das gerade macht das Wesen der Liebe Ihres Auftraggebers Gott aus: Er mutet Ihnen Überwindung Ihrer egozentrischen Ansprüche zu, damit Sie zur Liebesfähigkeit hinaufreifen. Mit dieser Ihrer verantwortungsbewußten Frau werden Sie gewiß glücklich werden können."

„Da bin ich mir nicht mehr so sicher", meint immer noch kritisch der junge Mann, „wir sind eben doch sehr verschieden."

„Das macht sowohl die Anziehung wie auch die Enttäuschung am Nicht-voll-verstanden-Werden aus; aber gerade das bewirkt Spannung, die zur Veränderung nötigt. Wenn die Ehepartner Christen sind, bedeutet gerade dieses einen Anreiz zu konstruktivem Bemühen um mehr Übereinstimmung. Die Auffassung, daß Kinder ein großer überpersönlicher Auftrag von Gott sind, der dem einzelnen Verzichte abfordert, hilft bei diesem Lernprozeß, aber auch die Einsicht, daß in Liebe, in Rücksicht, in Vergebungsbereitschaft, in gegenseitiger Anerkennung besser voneinander gelernt werden kann.

Als Christ steht es Ihnen nicht zu, sich mit Ehescheidungsgedanken zu tragen. Christus selbst gab im Wissen um die typischen Anfangskrisen die Unumstößlichkeit der Einehe auf Lebenszeit vor. Das ist ein Schutzzaun zu unserem Glück und für das seelisch gesunde Gedeihen der Kinder. Dieses Gebot nicht kurzatmig zu durchbrechen lohnt sich sehr, weil auch dem beharrlichen Durchleiden einer Lebensphase im Gehorsam für unseren Gott bereits tiefer Segen innewohnt." – – –

Es sei seit diesem Gespräch viel besser geworden mit dem ein wenig schlingernden Eheschiff, so hat mir tief beglückt kürzlich die Familienmutter verraten.

Totwünschen

„Meine Frau packt panische Angst, wenn sie – etwa in einer Veranstaltung – in einem geschlossenen Raum ist", berichtet ein besorgter Ehemann. „Man hat uns zu einer Verhaltenstherapie geraten. Die hat auch so viel geholfen, daß sie sich nicht mehr total zu Hause begräbt. Wenn ich dabei bin, kann sie sich jetzt freier bewegen, d.h., sie hält dann die Angst etwas aus. Aber geheilt ist sie nicht. Ich vermute, daß vor allem ein religiöses Problem dahintersteckt. Wir sind katholisch. Ich bin ein praktizierender Christ. Auch meine Frau steht positiv zum Glauben. Aber sie hat sich von Anfang unserer Ehe an hartnäckig geweigert, mit zur Messe zu gehen. „Für mich ist das viel negativer, als wenn ich zu Hause bleibe", sagt sie. Was sie damit meint, verstehe ich nicht, vielleicht weiß sie es selbst nicht. Deshalb möchte ich Sie bitten, mit ihr ein Gespräch zu führen", gibt der Familienvater an.

Nach langem Zureden durch ihn sitzt mir die Geängstigte schließlich gegenüber. Sie berichtet von ihrer Not, von der Trübung ihres eigentlich harmonischen Familienlebens durch ihre „Blödheit". Dabei sei die Angst ja schließlich bereits vor ihrer Heirat zum ersten Mal in einer Meßfeier aufgetreten – so furchtbar, mit Herzjagen und Schweißausbruch, daß sie fürchte, dies könne sich wiederholen. Freilich, das Vermeiden des Ortes löste nicht das Problem, im Gegenteil, die Angst habe sie von dorther seitdem gewissermaßen verfolgt und trete nun auch in anderen Räumen auf.

Ich frage nach der Vorgeschichte der Patientin.

Unversehens bricht ein Tränenstrom aus ihr heraus. Sie habe eine harte, lieblose Mutter gehabt. Diese habe sie mit der Peitsche oft so geschlagen, daß sie mehrere Tage nicht habe sitzen können. Und zu den Strafen der Mutter habe es gehört, sie in eine dunkle Abseite einzusperren und sie dort eine – wie es ihr schien – endlos lange Zeit zu belassen; wohl, bis sie aufgehört habe zu schreien. Sie habe ihre Mutter gehaßt und doch auch geliebt. Dann sei etwas Schreckliches passiert, als sie 15 Jahre alt gewesen sei. Die Mutter habe sie am frühen Morgen gerufen, ihr dabei zu helfen, die Mülltonne auf die Straße zu stellen. Sie habe sich aber die Bettdecke über den Kopf gezogen und so getan, als hörte sie nicht. Die Mutter sei allein nach draußen gegangen. Es sei im Winter und noch dunkel gewesen. Auf der vereisten Außentreppe sei sie dann ausgeglitten, mit dem Hinterkopf aufgeschlagen, so daß sie sich das Genick gebrochen habe. Sie, die Tochter, sei allein im Haus gewesen (der Vater war auf Montage, die Geschwister bereits aus dem Haus). Sie habe nach einer langen Zeit des Lauschens schließlich die Tür geöffnet und ihre Mutter liegen sehen – mit Augen, die sie angestarrt hätten, böse und strafend.

Die Patientin bricht zusammen. „Oh, Oh", klagt sie

schluchzend." „Ich wußte gleich, ich war schuld an ihrem Tod; ja, ich hatte ihr oft genug den Tod sogar gewünscht! Aber merkwürdig", berichtete die Patientin weiter, „damals war das nur wie ein Gedankenblitz, dann hatte ich das alles vergessen. Ich habe um meine Mutter nicht trauern können. Ich habe nie um sie geweint, wie jetzt hier bei Ihnen. Und doch: Seitdem konnte ich nicht mehr zur Beichte gehen, und ohne Beichte taugt ja schließlich die Eucharistie weniger als nichts."

„Warum ging das mit der Beichte nicht mehr?" frage ich. „Ich weiß nicht", entgegnete die Patientin.

„Aber vielleicht fällt Ihnen jetzt etwas dazu ein?" fasse ich nach.

„Ach, schließlich ist das alles doch eine echte Todsünde gewesen. Der Pfarrer hätte mich exkommunizieren müssen. Dann wäre es nun wirklich klargeworden, was eigentlich ist: daß ich eben verdammt bin – in alle Ewigkeit!"

Ich beginne nun, der Geschundenen von unserem Gott zu erzählen, dem Gott der Liebe – dem Gott der Kinder – ganz und gar dem Gott der mißhandelten Kinder, dem nahen Gott Jesus Christus, der uns kennt, der uns versteht, der mit dem zerschlagenen eingesperrten Kind gelitten habe, der den wachsenden Widerstand gegen die Mutter miterlebt habe, gegen eine Mutter, die vermutlich selbst ein elendes Schicksal und deshalb keine Kraft zum Lieben gehabt habe, ein Gott, der gewiß den Werdegang eines solchen Hasses wie einen zweiten Kreuzweg mitgetragen hat.

„Dieser Gott schickt Sie nicht in die Hölle", ende

ich meine kleine Rede, „aber erlösen kann er Sie wirklich nur, wenn Sie dem Priester die Schuld des Totwünschens eingestehen. Dann können Sie in der Eucharistie ganz neu die Befreiung davon erleben, dann wird sich der Block Ihrer Angst vor den geschlossenen Räumen, die eigentlich Angst vor der Verdammnis als einer göttlichen Strafe ist, lösen können." „Ach", entgegnet die Frau und lehnt sich erleichtert zurück: „Schon jetzt fühle ich mich ganz frei, wo es mir endlich klar ist und wo es nun endlich heraus ist."

„Das war eine unumgängliche Vorstufe", dämpfe ich, „die wahre Vollmacht ist nicht bei uns weltlichen Therapeuten – sondern bei den von Christus bevollmächtigten Jüngern allein!"

Ein glückliches Ehepaar sieht Land!

Nicht nur Beten hier und Sozialarbeit dort

Von Adel ist die verhärmt aussehende 50jährige, die weit über ihre Jahre hinaus gealtert erscheint. Sie sucht bei mir keinen Rat – „dafür ist es ohnehin zu spät", sagt sie. Sie möchte auf eine Glaubensfrage mit meiner Hilfe Antwort finden; aber dazu ist der Bericht einer langen Leidensgeschichte notwendig.

„Mein Mann lief davon – auf Nimmerwiedersehen, und ohne daß je irgendwer später wieder von ihm Nachricht erhalten hätte. Unser zweites Kind war noch nicht geboren – das älteste, ein Junge, 1½ Jahre alt. Mir blieb gar nichts anderes übrig, als die Kinder (auch den Säugling, der kurz darauf zur Welt kam) in Pflege zu geben und meine Berufsausbildung, die ich der Kinder wegen abgebrochen hatte, fortzusetzen. Später, nach Jahren, als ich als Richterin dann eine ziemlich flexible Arbeitszeit hatte und einigermaßen etabliert war, habe ich mir die Kinder geholt. Aber sie haben mich nie als Mutter akzeptiert. Sie waren damals schon schwer verhaltensgestört, waren auch bereits durch mehrere verschiedene Pflegefamilien gewandert, und sie brachten mich an den Rand der Verzweiflung. Sie waren unruhig, chaotisch, aggressiv, laut, lieblos. Ich hielt das nur einige Monate aus. Es ging einfach nicht. Ich schaffte mein häusliches

Aktenlesen und Ausarbeiten nicht. Ich gab die Kinder wieder fort. Ich glaube, sie haben mir das nie verziehen. Ihren Hauptschulabschluß schafften sie beide nicht. Als 14jährige gingen beide, unabhängig voneinander, in die Verwahrlosung – der Junge wurde mit Diebstählen und Einbrüchen kriminell und schloß sich einer chaotischen, rauschgiftsüchtigen Wohngemeinschaft an. Die Tochter begann zu streunen, ließ sich gewissermaßen auf der Straße deflorieren und ging schon mit 16 Jahren auf den Strich. Merkwürdig: Und dazwischen tauchten sie immer wieder einmal bei mir auf – der Junge verdreckt, das Mädchen schwer schmuckbehangen und parfümiert – aber doch beide bis an die Halskrause innerlich verkommen.

Sie sind verloren. Ich sehe keine Möglichkeit, sie zurückzuholen. Aber nun meine Frage: Ich gehöre einer frommen ev. Glaubensgemeinschaft an. Wir beten viel; auch damals hat die Gemeinschaft immer für mich und meine Kinder gebetet. Sie hat mir auch die Pflegeeltern für die Kinder vermittelt – und doch ist gar keine Wende eingetreten. Ja, mir scheint es oft so – besonders wenn meine Kinder mich angrinsen –, als wenn da geradezu ein böser Dämon mitgrinst. Warum hat mir Gott so wenig geholfen? Warum ist alles zu dieser bösen Sinnlosigkeit geworden?"

● Es fällt mir schwer zu antworten; denn jede Menschenantwort muß hier unzulänglich bleiben. Aber mit dem Wunsch zu trösten, wage ich doch, einiges zu sagen: „Ich glaube, daß Sie ein so bitteres Schicksal mit den Kindern mit ungezählten Müttern in unserem

Kulturkreis heute teilen, nicht weil Sie hier die alleinige Schuldige sind, sondern weil unsere Zeit vergessen hat, daß Christentum nicht aus Beten hier und Sozialarbeit dort besteht, sondern daß wir uns in unserem Christsein sehr direkt an die großen Vorbilder halten müssen. Irgendwelche, vielfach wechselnde Bezugspersonen können nicht das Vorbild der Mutter Maria ersetzen, die ihr Kind ganz nah an Herz und Brust hielt, die sich nicht von ihm trennte – selbst als das Schicksal ihr hart ins Gesicht blies. Sie nahm's auf den Esel zur Flucht nach Ägypten, statt es irgend jemandem anzuhängen; denn allein das Kind war ja bedroht! Sie stand für das Kind ein – ohne Wenn und Aber, ohne Klinik und Hebamme. Christliches Leben aus Gottes Hand heißt unbedingtes ‚Ja' zu seinem Auftrag auch heute noch.

Ich will Ihnen nicht das Herz schwer machen", sage ich zu der mir weinend gegenübersitzenden Frau. „Sie haben das nicht gewußt. Mit Maria wollen viele Gemeinschaften nichts mehr zu tun haben – und die gleichsinnigen Erfahrungen der psychologischen Wissenschaft werden traurigerweise von unserem Zeitgeist verdrängt. Daß ‚irgendwer' Ihre Kinder auch zum Rechten führen könne, hat selbst Ihre Gemeinschaft gemeint, statt für Sie Geld zu sammeln und statt Sie und Ihre Kinder mit durchzutragen, so lange, bis sie an Sie gebunden gewesen wären, so lange, bis sie es hätten verstehen und aushalten können, daß Mutter sie für einige Stunden am Tag in einem Kindergarten abgibt und dann wieder da ist.

Christentum ist nun einmal nicht nur ein wenig frommglänzender Lack. Christentum ist vielgestaltiger Lebensauftrag, Ruf von Gott, persönlich an jeden von uns."

„Aber dann kann ich mich in all meiner Schuld doch nur dahin katapultieren, wohin ich gehöre: in die Hölle, in die ewige Verdammnis!" stöhnt die Frau, „ist dann nicht letzthin auch alle meine Berufsarbeit sinnlos?"

„Wie sollte sie das", wage ich zu erwidern, „Sie sind Jugendrichterin. Sie bekommen durch Ihre Arbeit einen tiefen Einblick in die vielen Irrwege junger Menschen – in das Elend ihrer Schicksale. Ich bin davon überzeugt, daß Ihre Erfahrung mit den eigenen Kindern Sie viel mehr und tiefstes Verständnis für diese jungen Menschen hat gewinnen lassen, daß Sie an den Vorgeschichten der jungen Delinquenten nur allzuoft die bittere Konsequenz der Entwicklung erkennen können und daß Ihre Maßnahmen mehr sind als schuldzuweisende Richtersprüche vom hohen Thron herab."

● Die Juristin trocknet ihre Tränen und nickt: „O ja, ich setze mich ein, wo ich auch nur kann, um bei kleinen Anfangsdelikten den Fuß in die Tür einer schrägen Laufbahn zu bekommen. Ich führe viele Gespräche mit den Eltern, mit den Müttern besonders. Ich beschwöre sie, ihr Leben zu ändern und doch noch den Versuch zu machen, die Kinder zu halten, sie in der Haft, falls eine solche nötig wird, zu besuchen; sie nicht aufzugeben, sie durchzutragen und sie nicht durch Vorwürfe verstockt zu machen. Gewiß, ich bringe alle meine traurigen Erfahrungen ein, und ich versuche natürlich auch, hierdurch ein Stück meiner großen, großen Schuld abzutragen."

„Und ist dies denn nicht doch auch große Gnade? Können wir nicht hoffen, daß das Elend dieser zu häufigen Erfahrung durch eine solche liebevolle Vermittlung des eigenen Erlebens allmählich so etwas wie eine Rückkehr zu einem Christentum des Alltags bewirkt? Und erst recht wird unser Vater im Himmel für ein solch tapferes Umsetzen eigener Kreuzerfahrung dankbar sein. Und um so weniger ist gewiß Grund zur Verzweiflung und zur Selbstverwerfung", gebe ich zu bedenken. „Vielleicht sind doch auch Ihre Kinder nicht wirklich verloren? Gott schreibt schließlich auch auf krummen Zeilen gerade! Vielleicht können Sie sie doch zu einem besseren Leben zurückholen?"

„Aber wie?" fragt die Jugendrichterin. „Indem Sie die Stunden, in denen die Kinder bei Ihnen sind, sehr behaglich machen, indem Sie hoffen, daß die Kinder Sie eines Tages doch um einen Rat bitten. Alles Drängen zum falschen Zeitpunkt ist sinnlos, das werden Sie längst erfahren haben. Aber Sie sollten, wenn die richtige Stunde zum Ratgeben eintritt (indem die Kinder Sie um Rat bitten) bereit haben 1.) den stationären Therapievorschlag für Ihren rauschgiftabhängigen Sohn und 2.) die Möglichkeit zum Schulabschluß und zur Berufsausbildung für Ihre Tochter. Viele Prostituierte haben doch irgendwann ihr trauriges, gefährliches Leben bittersatt und sehnen sich nach einer bürgerlichen Existenz. Wichtig ist nur, daß die beiden erspüren, daß ihre Mutter sich nicht in irgendeiner Weise zu fein dünkt, um mit ihnen das Leben zu teilen, daß sie selbst weiß, daß sie genau im gleichen Boot wie ihre Kinder sitzt. Man darf nicht ungeduldig wollen, man darf Gott nicht die Gebetserhörung für die Kinder zur Bedingung machen. Aber unter dem bedingungslos angenommenen Kreuz gibt es manchmal Stadien einer gereiften Frömmigkeit, die es Gott ermöglicht, große Wunder der Veränderung zu tun. Bitte halten Sie sich ganz fest in diesem Wissen: daß Gott bei Ihnen ist und Ihr Leben dennoch bereits jetzt hundertfältig Frucht getragen hat – Frucht, erwirkt aus Ihrem Schicksalskreuz! All Ihr Fallen ist gewiß Fallen in Gottes Hand gewesen und wird weiter Segen bringen, wenn Sie diese Realität nur nicht aus dem Blick verlieren. Und in diesem Sinn hat auch das Mit-Beten Ihrer Gemeinschaft längst gute Frucht getragen!"

Kennt man die Rache nicht?

„Es war eine Gebetserhörung, als mein Mann plötzlich wieder auftauchte", sagt die sehr kostbar gekleidete Frau, die mir gegenübersitzt. „Ich hatte nie aufgehört, ihn zu lieben, obgleich er mir so wehgetan hatte. Denken Sie, als unser drittes Kind unterwegs war, verschwand er plötzlich mit einer anderen. Weg war er – einfach weg! Jahrelang habe ich mit meinen Kindern von der Sozialhilfe leben müssen. Es gab von ihm keinerlei Lebenszeichen, geschweige denn, daß er in irgendeiner Weise seinen materiellen Verpflichtungen nachkam. Und dann – nach 17 Jahren – stand er eines Tages in der Tür, frisch eingereist aus Südamerika, wohlhabend, reumütig, liebevoll und nicht mehr gebunden. Für mich war das wie ein Märchen, und wir haben bald schon unsere Ehe weitergeführt.

Herrliche Zeiten hätten endlich anbrechen können; aber dann machte uns unsere Jüngste, die einzige, die noch im Hause lebte, einen traurigen Strich durch die Rechnung. Nicht nur, daß sie in der Schule praktisch zu arbeiten aufhörte, vom Gymnasium auf die Realschule rutschte und jetzt im Begriff steht, nicht einmal dort den Abschluß zu erreichen. Sie spielte gewissermaßen verrückt. Sie nahm, kaum daß sie 18 war, in einer italienischen Bar einen Job an als Bedienung und kommt jetzt oft erst gegen Morgen nach Haus. In ihrem Zimmer liegen in einem nicht mehr aufräumbaren Tohuwabohu Packungen mit Antibabypillen offen herum. Aber was am schlimmsten ist: im Umgang ist sie unleidlich. Meinem Mann verweigert sie jeden Kontakt, sie erwidert nicht einmal seinen Gruß. Mit mir ist sie pampig, frech, auftrumpfend – ein völlig verwandeltes Mädchen, so als wäre sie plötzlich vom Teufel geritten, denn als Kind war sie fröhlich, umgänglich, easy going."

Das hübsche 18jährige Mädchen bestätigt mir im anschließenden Gespräch unter vier Augen die Angaben seiner Mutter. Glücklich sei seine Kindheit gewesen, bestätigt es. Zwar hätten sie immer nur wenig Geld gehabt, aber Mutter habe es ihnen allen dreien dafür um so schöner gemacht. Sie sei mit ihren beiden fünf und sechs Jahre älteren Brüdern gut ausgekommen, und auch mit ihrer Mutter habe sie sich fabelhaft verstanden. Vom Vater sei kaum die Rede gewesen. Wenn die heranwachsenden Kinder ihre Mutter nach ihm gefragt hätten, sei sie plötzlich traurig geworden, habe die Schultern gezuckt und zu weinen begonnen. So hätten sie aufgehört zu fragen.

„Aber immerhin, daß der irgendwie nicht in Ordnung war, irgendwie böse gegen Mama, das haben wir uns schon vorgestellt. Ja, und dann steht der plötzlich in der Tür, gerade als ich im Begriff bin, mündig zu werden, und sagt: Er sei mein Vater – und nun wolle er sich um mich kümmern. Das kann einem doch die Sprache verschlagen! Und Mutter, die benimmt sich wie ein verliebtes Huhn, und ich – ich muß mir immerzu dieses komische Gegurre anhören." – Andrea bricht in Tränen aus. „Das ist doch irgendwie inkonsequent von Mama", schnäuzt sie sich. „Erst die große Wut auf diesen Mann, das konnte ich ja noch verstehen. Aber nun dieser Stimmungsumschwung, kaum daß der an der Tür geklingelt hat! Na, ich war meine Mutter praktisch los. Und dann fingen sie auch noch in trauter Gemeinsamkeit an, an mir herumzumeckern. ‚Andi, so doch bitte' – ‚Andi, das aber nicht!' Das hat mir gestunken. Da hab' ich von diesem Job in der Zeitung gelesen und habe ihn auch noch bekommen!"

Ein bitteres Lächeln huscht über das Gesicht des Mädchens. „Und dabei ist ihr Keifen ganz überflüssig. Der Job ist echt gut, tolle Knete mit den Trinkgeldern zusammen; ich bin unabhängig, und die Leute dort sind wenigstens Menschen. Das einzige, was ich nicht so gut finde, ist diese Art von Musik, mit der ich nun ja Nacht für Nacht berieselt werde. Als ich frei hatte, bin ich deshalb in die Oper gegangen. Ich liebe Mozart so sehr. Da gab's die Zauberflöte. Super! Kennen Sie die? Die Szene mit Zarastro – ich war einfach hin! Aber man kann ja schließlich nicht jeden Tag Weihnachten feiern."

„Haben Sie schon mal nachgedacht, warum gerade diese Arie Sie jetzt so besonders fasziniert hat?" Andrea besinnt sich. „Oh", erwidert sie begriffsstutzig, „das war Hermann Prey – diese Baßstimme, sein Auftritt in einer phantastischen Szenerie!"

„Aber er bringt ja auch eine tiefe Botschaft", wage ich vorzustoßen. „Botschaft? Wieso?" fragt das Mädchen. „Nun, Sie werden sich an den Text erinnern", fasse ich nach:

„In diesen heil'gen Hallen / kennt man die Rache nicht, / und ist ein Mensch gefallen, / führt Liebe ihn zur Pflicht." Andrea beginnt kopfnickend die Melodie mitzusummen.

„Könnte es nicht sein, daß dieser Text Sie deshalb so besonders angerührt hat, weil er für Sie in Ihrer Situation eine besonders dringliche Aussage enthält?"

Andrea schaut mich fragend an.

„Nun", beginne ich, „ganz ohne Frage haben Sie doch eine dicke, dicke Wut auf Ihren Vater. Unterschwellig begann die bereits, als Ihnen bewußt wurde, daß er Ihnen durch Ihre Kindheit hindurch etwas vorenthalten hatte. Darin wart Ihr vier Euch alle einig und hieltet doppelt gut zusammen, gewissermaßen durch dick und dünn. Als er aber nun plötzlich in Ihr Leben eintrat, nahm er Ihnen als erstes Mutters Nähe, Mutters Unmittelbarkeit. Das verstärkte Ihre Wut. Dann fing er auch noch, nun wirklich mehr als zu spät, an, bei Ihnen den Erzieher spielen zu wollen. Darüber hinaus stand dabei Mutter plötzlich gegen Sie auf seiner Seite. Das ist doch einfach so, als wenn man plötzlich in Eiswasser geworfen wird. Das tut weh, das ist wie ein Schock. Wie verständlich ist es, daß man dann rot sieht! Schauen Sie, Andrea, und das ist nun ein sehr allgemeines Gesetz bei uns Menschen: Wenn wir seelisch verwundet sind, so entsteht in uns das Bedürfnis, das dem Angreifer mit gleicher Münze heimzuzahlen. Meistens aber machen wir uns das gar nicht klar. Es ist wie ein Automatismus. Das Rachebedürfnis schaltet sich bei uns gewissermaßen

78

ein, ohne daß wir direkt planen, uns zu rächen. Aber wenn wir dann, wie Sie mit Ihrem Job, merken, daß wir mit einer Aktion, die von heimlichem Rachedurst motiviert war, fabelhaften Erfolg haben, wenn der Aufstand, die Aufregung zu Haus nun so richtig siedet – dann ist da in uns ein Gefühl des Triumphes, so eine Art bittere Süße wie ein Stück Hohngelächter der Hölle."

Andrea hat den Kopf eingezogen. „Ja, ja", stimmt sie schließlich schluchzend zu, „aber irgendwie ist doch irgend etwas falsch."

„Gewiß", bemerke ich, „und zwar weil das auf Dauer nicht zum Frieden, sondern zu einer riesigen friedlosen Unordnung führt. Man mag sich so nämlich nicht – und das droht einen dann kaputtzumachen."

„Aber wie ändern?" entfährt es Andrea.

„Wir werden daran arbeiten", verspreche ich, „denn schauen Sie, was der Zarastro singt, das ist es ja, was Sie eigentlich wollen. Freilich läßt sich die Kraft zur Vergebung nicht einfach aus dem Boden stampfen. Mit Vater werde ich sprechen müssen. Er macht es sich zu leicht, wenn er meint, daß eine töchterliche Beziehung von heut' auf morgen aus dem Boden zu stampfen ist. Mutter muß auch wieder etwas mehr Zeit für Sie finden. Und Sie, Andrea, brauchten eine Weile noch einen Mülleimer für die immer wieder noch hochbrodelnde Wut; denn mit unserer Seele ist es wie mit der Natur: Sie braucht Zeit – zur Entfaltung und zur Reifung. Und darüber hinaus ist der Vorgang der Vergebung in der Beziehung mehrerer Menschen nie die Sache einer Person allein. Ihr Vater hat an Ihnen viel abzubitten, vielleicht auch Ihre Mutter; denn schließlich haben Sie ja deren Freude über Vaters Rückkehr als Verrat erlebt. Für Sie selbst ist es aber sehr wichtig zu merken, daß das Bedürfnis, sich selbst Übles anzutun, um die zu bestrafen, die einen verwundeten, ein viel zu hoher Preis ist."

Ein gemeinsames Gespräch mit Mutter und Tochter rundet die erste Begegnung. „Sie haben die Rückkehr Ihres Mannes als Gebetserhörung erlebt", sage ich zu der Mutter. „Auch um die Kraft zu gegenseitiger Vergebung läßt sich beten."

„Das werden wir tun", nickt eifrig die Mutter, „und ich bin mir sicher, daß ich mit dieser Bitte jetzt bei meinem Mann offene Türen einrennen werde."

Krankheit als Schicksalsschlag

„Ich bin eine begeisterte Sportlerin", beginnt meine Gesprächspartnerin, die mir gegenübersitzt, zu berichten. Und das sieht man ihr auch an. Frisch sieht sie aus, gesund, gepflegt und durchtrainiert. Ich bringe das zum Ausdruck, aber sie erwidert mir: „Ja, wenn es nur so wäre, aber ich habe seit einiger Zeit ein Problem. Mich plagt eine merkwürdige und oft auch schmerzhafte Schwäche in den Beinen. Ich bin zu meinem Sportarzt gegangen, aber der hat mich mit ernstem Gesicht zum Neurologen geschickt; und dieser – die junge Frau bricht unversehens in Tränen aus – hat nach vielerlei Untersuchungen einen furchtbaren Verdacht geäußert: es könnte sich, so meinte er, bei meinen Schmerzen um den Beginn einer Multiplen Sklerose handeln."

„Wie kann er nur so etwas sagen", empört sich die Lehrerin, „das ist doch eine ungemeine Brutalität, der will mir meine Lebenslust, der will mir meine Freude am Beruf nehmen. Ich bin aus dem Sprechzimmer hinausgerannt, der bekommt mich sicher nie wieder zu sehen! Aber dann hatte ich so merkwürdige Schwierigkeiten beim Sehen und ging zum Augenarzt. Plötzlich macht auch der dieses todernste Gesicht, hält sich seufzend seinen Zeigefinger vor den

Mund und versinkt in Schweigen. Ich sage: „Herr Doktor, ich brauche eine bessere Brille!" Wissen Sie, was er erwiderte?: „Mit einer Brille ist es hier nicht getan!" Ich bin wieder rausgerannt. „Diese Ärzte – die machen mich krank!"

„Es ist ja erst auch nur ein Verdacht", versuche ich zu trösten; „Ärzte sind auch nur Menschen, die sich irren können."

„Aber meine Beine werden immer schlimmer", entgegnet klagend und verzweifelt die Kranke, „auf jeden Fall bleibt mir gar nichts anderes übrig, als mich beurlauben zu lassen und zur Kur zu fahren."

Ich ermuntere sie, das zu tun, und um die Wiederherstellung ihrer Gesundheit zu kämpfen.

„Nicht wahr, Gott wird mir doch helfen, meinen Sie nicht auch?" fragt sie beim Abschied tränenüberströmt.

Nach einigen Monaten bekomme ich einen Brief aus einem Sanatorium. „Man macht hier vielerlei mit mir", berichtet die junge Frau jetzt, „aber die Krankheit ist rasch fortgeschritten, ich kann nicht mehr gehen, muß im Rollstuhl gefahren werden und bin nun ein richtiger Pflegefall – im Alter von 32 Jahren! Oh, wie verzweifelt ich bin. Ja, es ist eine MS, aber ich werde mich nie damit abfinden! Warum dies gerade mir, die ich doch meinen Beruf aus Freude an der Bewegung gewählt habe? Sie haben mir bei meinem letzten Besuch Hiobs Geschichte und Ihre Deutung dazu mitgegeben. Aber ich werde die Glaubensgröße dieses Mannes nie aufbringen. Im Gegenteil: Genau dies ist eingetreten. Ich habe Gott abgeschworen. Ich hadere mit ihm. Ich finde ihn gemein und ungerecht.

Wie soll ich dieses grausame Schicksal annehmen! Nicht einmal die Toilette kann ich ohne Hilfe aufsuchen.

Neulich habe ich, als ich einen Augenblick unbeaufsichtigt in der Badewanne lag, einen Transistor ins Wasser geworfen. Es hat nicht geklappt. Ich lebe immer noch. Wozu lebe ich? Keiner gibt darauf eine Antwort. Entweder es gibt keinen Gott, oder er ist ebenso grausam wie ungerecht." –

Wie begegnet ein Mensch mit zwei gesunden Beinen solchem Elend? Jeder Trostversuch kann doch nur Hohn und Anmaßung sein. Ich wußte nichts zu schreiben als: „Ich bin Ihnen nah, ich bin mit Ihnen tieftraurig; ich bete für Sie um Glaubenskraft ..."

Ein Jahr vergeht; dann ein Anruf, eine fröhliche Stimme aus der Leitung. Ob ich mich ihrer noch erinnerte? Ob ich wohl Lust hätte, sie einmal zu besuchen?

Gewiß doch, spontan sage ich zu, und wir verabreden eine Zeit.

Ich mache mich auf ein Trauerspiel gefaßt und pralle zurück, als ich ins Haus der Patientin eingetreten bin. Da sitzt eine zwar von der Krankheit gezeichnete Frau, aber mit leuchtenden Augen und einem strahlenden Lächeln. Es ist dämmerig. Sie hat eine Kerze und ein Feuerchen im Kamin anzünden lassen. Es ist ganz still; die Kranke ist wie von innerer Helligkeit umgeben. Ich staune, sie freut sich, daß ich staune. Irgendwann sagt sie: „Jetzt ist doch noch alles gut geworden. Nein, nein", wehrt sie ab, „nicht der Verlauf der MS, der ist weiter progressiv. Aber ich weiß es nun, ich weiß, was das alles soll. Im Grunde habe ich mich immer nach der Nähe Gottes gesehnt; deshalb war ich auch eine solch treue Kirchgängerin; aber ich war ihm doch noch nicht wirklich begegnet. Dieses Wunder geschah mir in diesem Sommer.

Ich hatte damals gemerkt, daß es mir nicht guttat, mich immerzu abzulenken und durch all die mitleidigen Menschen ablenken zu lassen. Es war vielmehr etwas Besonderes, allein und ganz still in meinem Rollstuhl im Garten zu sitzen. So bat ich meine Betreuer, mir das so oft wie möglich zu gönnen.

Ja, und eines Tages war es dann plötzlich da. Ich wurde aufgehoben und wie in einen weichen festen Mantel gehüllt. Es war ein unbeschreibliches überirdisches Gefühl tiefster Geborgenheit, von dem ich plötzlich umfangen war.

Seitdem ist meine innere Not weg. Ich kann das nun alles ertragen. Die Schmerzen in den Beinen, die Hilflosigkeit, die gelegentliche Ruppigkeit meiner Betreuer. Es kränkt mich nichts mehr. Mein Gott ist bei mir. Er umgibt mich, und wenn ich nur die Stille suche, strömt mir seine Gegenwart zu. Jetzt habe ich keine Probleme mehr. Jetzt weiß ich auch, daß ich ohne die Krankheit so etwas vermutlich nie erlebt hätte, dazu war ich viel zu quirlig, immer auf Trab mit meinen schnellen Beinen. Das mußte mir erst genommen werden, damit ich erleben konnte, wie wunderbar, wie groß, wie nahe und voll überströmender Liebe unser Gott ist. Das mußte ich Ihnen einmal sagen."

Wir sitzen still im Kerzenschein und freuen uns. Eine böse Krankheit ist zum Tor des Heils geworden.

Verfehlter Selbsthaß

Zerknittert und mit viel Bemühung künstlich unschön gemacht ist ja heute vieles, was unsere Kleidermode zu bieten hat, aber das Mädchen, dem ich vor einigen Wochen begegnete, ging gewissermaßen in Sack und Asche. Ein zerschlissener knielanger schwarzer Kasack umschlotterte ihre schlanke Gestalt, und die Beine steckten in ausgefransten, verwaschenen, einmal schwarz gewesenen Jeans. Die Leinenschuhe waren an den Hacken niedergetreten, so daß nur Zehen und Sohle Schutz vor irdischem Schmutz fanden. Und in dem ebenso verschlissenen grauen Gesicht waren die Lippen mit weißer Creme so übertüncht, daß der letzte Hauch von Farbe von der ganzen jungen Gestalt wie abgetötet erschien. Und dennoch war in den Augen so etwas wie ein fanatischer Glanz, wie von trotzigem Brand glühend. Angelika suchte mich auf, weil die Eltern sie dazu genötigt hatten. Sie habe keinen Hunger, erklärte sie, und das rege ihre Umwelt auf. Beim Arzt sei sie auch bereits gewesen. Körperlich sei alles in Ordnung, habe der erklärt.

„Ich will aber auch gar keinen Hunger haben", brach es aus dem Mädchen heraus. „Mich widert das alles an. Wieviel der Zeit meiner Mutter kreist nur um das Essen. Kaum hat man sich eine Weile in irgend etwas wirklich Interessantes vertieft – schon wird man gerufen, um sich irgendwelche Teller mit irgend etwas Dampfendem vollzuschlagen. Immerzu muß eingekauft werden in diesen widerwärtigen Läden, zwischen all den schwitzenden Menschen, die an den Kassen Schlange stehen. Sie stinken, weil sie fett sind, weil sie sich ihre Bäuche vollschlagen. Mich widert, widert, widert das an!"

Schluchzend läßt Angelika ihren Kopf mit den struppigen Haaren auf ihre Arme fallen.

● „Was ist denn das wirklich Interessante, woran Sie durch die Mahlzeiten gehindert werden?" frage ich.

„Ach", antwortet das Mädchen, „ich lese gern esoterische Literatur, Teresa von Ávila ist mein Vorbild. Ihren inneren Weg, den möchte ich auch gehen. Aber" – und wieder bricht ein Tränenstrom aus ihr heraus – „das werde ich doch nie schaffen. Statt Gottesnähe habe ich viel eher Bauchnähe. Schon der Essensdunst aus der Küche lenkt mich ab. Und darüber werde ich dann ärgerlich, ja wütend. Überhaupt – all dieser Kram. Mein Vater ist Kaufmann. Der hat tagein, tagaus dahinter herzulaufen, daß er seine Sachen so gewinnträchtig wie möglich verkauft. Immer dreht es sich ums Geld; fast nur wird bei uns über Geld gesprochen, als wäre das der Knackpunkt aller Knackpunkte. Und wenn ich etwas Kritisches dazu sage, schimpft mein Vater: ‚Meinst du denn, Ihr alle hier in der Familie könnt von Luft und Liebe leben? Sieh Dir doch einmal an, was Ihr allein an Geld in einem Monat aufeßt!' Und dann soll man noch Hunger haben?"

Ich bestätige Angelika, daß sie gewiß auf dem richtigen Weg sei, wenn sie höhere Lebensziele habe als Essen und Besitz, versuche sie dann aber auf einen Irrtum aufmerksam zu machen, in dem eine Ursache ihrer Nöte zu suchen ist. „Gerade Teresa", so gebe ich Angelika zu bedenken, „spricht in ihren Büchern von ihrem *Weg,* von Etappen einer seelisch-geistigen Entwicklung. Auf Entfaltung ist in der Tat fast aller Lebensgang höherer Lebewesen hier auf der Erde angelegt. Schon beim Tannenbäumchen muß zunächst die Wurzelbasis gelegt werden, schon es braucht dazu bestimmte Erstbedingungen: Erdboden zum Eindringen und Ausbreiten der Wurzeln, Platz, Licht, Bewässerung. Je besser diese Bedingungen erfüllt werden, um so besser gelingt die Verwurzelung und um so höher, um so prächtiger und unverfälschter kann der Baum erreichen, wozu er von Gott gedacht ist: seine Idee ‚Tanne' zu größtmöglicher Vollkommenheit zu verwirklichen und auszufalten.

Diesem Grundprinzip unterliegen wir Menschen auch. Denken Sie nur einmal daran, wieviel Mühe sich Ihre Mutter hat geben müssen, um Sie zu tränken, damit Sie kräftig genug wurden, um sich auf Ihre zwei Beine stellen zu können, wie viele Kaufverträge Ihr Vater abschließen mußte, damit all das Brot und all die Kartoffeln gekauft werden konnten, um die hungrigen Mäuler seiner Kinder zu stopfen, die wachsen sollten und wollten und deshalb immer größeren Appetit bekamen! Das ist im Grunde nicht niedrig und mißachtenswert, Angelika, es ist wie für jedes Vogelpaar schwerer gehorsamer Dienst für den Schöpfer, der das Leben geschaffen hat und seine

Fortsetzung will. Deshalb hat es bereits einen hohen Wert und ist in sich gottgefällig.

Ein richtiges Gespür sagt Ihnen freilich, daß mit uns Menschen mehr gemeint ist als nur die ewige Wiederholung, neues Leben der gleichen Art hervorzubringen und so zu pflegen, daß es Zukunft hat. Sie spüren, daß die Entfaltung der ‚Tanne‘ Mensch zu seiner höchsten Vollkommenheit Annäherung an eine innere Gottesnähe sein soll, und es zeichnet Sie aus, daß Sie das erahnen. Bitte bedenken Sie aber: Es gibt keine Riesentanne mit einer fast schon den Himmel berührenden Spitze ohne viel gute Erde. Im Vergleich zu uns Menschen heißt das: Unsere Erde ist unser Leib – auch er ist von Gott geschaffen, nicht damit wir ihn verachten, sondern damit wir ihn so pflegen, daß er uns mit vitaler Kraft für unsere möglichst hohe geistige und geistliche Entfaltung versieht. Ohne ein gut versorgtes Gehirn über einen gut versorgten Magen und einen Darm, der die Nahrung in Blut, und d.h. in kraftstrotzenden Lebenssaft, verwandelt, gibt es keine dauerhafte Entfaltung und differenzierte Ausgestaltung des Geistes. Ohne die Basis des Kreatürlichen können wir es nicht zu einer solchen Höhe des Geistes bringen, wie Sie sie anstreben.“

„Aber ruft nicht die Kirche zum Fasten auf?“ fragt Angelika skeptisch.

„Gewiß“, erwidere ich, „und hier wehren Sie sich ja mit Recht. Jeder von uns kann das, was bei uns als Grundlage zu gutem Sein gedacht ist, mißbrauchen. Der Mensch kann sich daran gewöhnen zu fressen statt zu essen, d.h., sich maßvoll zu sättigen, er kann ans Saufen geraten, statt zu trinken, um seinen Durst zu löschen. Der Mensch kann – und das ist grundsätzlich eine ernste Gefahr – sein Unterstes zum Oberen verkehren. Das hohe Ziel des Menschen, das uns durch Christus aufgezeigt wurde, kann so aus dem Blick geraten, daß der Mensch im Urbereich stecken bleibt. Damit er nicht in Gewohnheiten versackt und gewissermaßen seinen Bauch zu seinem Götzen werden läßt, deshalb rät die Kirche zur Mäßigung, besonders im Fleischgenuß – und auch zu einer Fastenzeit, gewissermaßen um wieder Tritt zu fassen, statt in bequemem Genuß zu versinken. Aber immer spricht die Kirche von Fasten*tagen* als von zeitlich begrenzter Nahrungseinschränkung. Zu einer dauernden Mißachtung der leiblichen Belange rät sie gewiß nicht; denn das wäre lebensfeindlich und lebensverkürzend.

Unser Gott aber ist ein Gott, der das Leben, ja, seit Golgotha, das ewige Leben für uns will! Sie, Angelika, spüren die grundsätzliche Gefahr von uns Menschen, im Urbereich stecken zu bleiben, ganz tief und existentiell richtig. – Und das wollen Sie auf gar keinen Fall! Ihr Problem besteht aber darin, daß Sie aus berechtigter Angst vor einem Zurückbleiben hinter Ihrem von Gott geplanten Lebensentwurf nun die Zügel zu fest angezogen haben. Aber ohne Beachtung der Basis geht Höherentwicklung nicht. Wer das versucht, gerät in eine qualvolle Sackgasse. Denn je mehr er alle Biologie, alles Kreatürliche in sich selbst abschnürt, um so stärker bäumt es sich auf und fesselt die Gedanken. Das ist im Grunde nicht bedauerlich, wie Du es empfindest – und es gar als nichtswürdig verdammst –, es ist vielmehr wie ein immer härter wiederholter Befehl Gottes, so nach dem Motto: „Höre bitte, wenn Du wirklich zu mir heraufwachsen willst, so sorge zuerst dafür, daß Du die dazu nötige körperliche Kraft bereitstellst, sonst kannst Du Dein Ziel vergessen! Denn auch Dein Körper und seine Belange sind Geschenke an Dich von mir!"

„Aber ich mag meinen Körper nicht", erwidert Angelika, „er könnte schöner sein, und erst recht mein Gesicht. Es ist mir viel zu breit und unebenmäßig, und meine Hüften, mein Bauch, meine Oberschenkel sind plump."

„Dieses Fehlurteil wird lediglich durch die Mißachtung Deines leiblichen Seins so negativ gefärbt", erkläre ich, „in Wirklichkeit bist Du in all Deiner Jugend zum Malen schön – und das würde … mehr erkennbar, wenn Du Dich so kleiden und hermachen würdest, wie es der Kostbarkeit eines solchen Geschenkes entsprechen würde. Denn die Schönheit Deiner Jugend hat ja ebenfalls einen gottgewollten Sinn. Über die Freude an geschöpflicher Schönheit blüht in uns Menschen das Gefühl der Liebe auf, die im Kern dankbare Liebe für den Schöpfer ist. Deshalb müssen wir Menschen immer wieder auf die Suche von Erlebnissen natürlicher Schönheit gehen. Auch darin hat das junge Mädchen also eine Aufgabe: erkennbar zu machen, daß es blüht wie eine unserer Blumen im *Frühling*. Es gibt in jedem Menschenleben nur einen Frühling, Angelika. Auch er ist ein Geschenk von Gott. Und sich seiner würdig zu erweisen, ist Dienst für Gott, nach dem Du Dich doch so lieb sehnst."

„Ach, so ist das?" staunt Angelika mit einem ganz

weichen, beglückten Gesichtsausdruck und verabschiedet sich schnell.

Aber heute kam mit der Post die Photographie eines blühenden jungen Mädchens mit einem hübschen roten Rock, heller Bluse und einem lachenden Mund.

„Mit vielen Grüßen und Dank, Ihre Angelika", war auf der Rückseite zu lesen.

Mehr Gott vertrauende Gelassenheit

„‚Du machst uns Angst mit Deinen ewigen Sorgen‘, sagen meine Kinder zu mir", so berichtet die 40jährige, die mir gegenübersitzt, um dieses Problem mit mir zu besprechen. Eine getreue Mutter ihrer drei Kinder ist sie, eine pflichtbewußte Bäuerin, eine liebevoll bemühte Ehefrau; aber ihre eigentlich noch recht junge Stirn ist von Sorgenfalten zerfurcht. „Die Kinder sehen das gewiß richtig", schildert sie. „Eigentlich läuft ja alles recht gut bei uns. Und doch kann ich mich nicht damit beruhigen. Ich laufe den Kindern nach bei all ihren Schularbeiten! Ich zittere ihnen entgegen, wenn sie eine Klausur geschrieben haben und nun mit einer Zensur nach Hause kommen. Haben sie eine schlechte Note, so ist das für mich ein halber Weltuntergang. Ich fürchte, daß sie nicht vorankommen und daß ich versagt habe. Es ist so vieles, was in meiner Verantwortung liegt – und es ist so vieles, was ich unzureichend oder falsch machen könnte. Und dadurch verkrampfe ich mich dann mehr und mehr. Ja, ich überanstrenge mich auch, werde ruhelos und komme selbst nach dem Feierabend nicht zu irgendeiner Entspannung. Gerade dadurch, daß ich alles ganz gut machen will, mache ich es womöglich schließlich besonders schlecht. Das jedenfalls hat mich bei dem Ausspruch der Kinder aufgeschreckt und zu Ihnen geführt."

Zu einer langen tieflotenden Behandlung mit einer Erforschung der Ursachen ihrer psychischen Unsicherheit hätte die Bäuerin gewiß weder Zeit noch Bedürfnis, und so versuche ich, ihr ein wenig mit biblischer Weisheit aufzuhelfen. „Ich verstehe sehr", beginne ich, „daß der Druck der Sorgen zu einer schweren Last werden kann, wenn man von der Vorstellung ausgeht, daß das Schicksal der Familie und zum Teil auch des Hofes allein in Mutters Hand liegt. Aber tut es das denn wirklich? Machen wir denn allein unseren Lebenslauf? Haben wir allein unser Schicksal in der Hand?"

„Nein, nein", erwidert eifrig die Landfrau, „davon bin ich auch überzeugt: Es ist Gott, der die Welt regiert. Aber wie soll er sich schon um mich im hinteren Niedersachen kümmern? Er ist der Herr des Kosmos, und die Astronomen entdecken doch gerade immer mehr, wie unendlich groß das Universum ist. Für Gott können meine Familie und ich allenfalls nur Amöben sein!"

„So würde ich gewiß auch denken", entgegne ich, „wenn ich mich nicht mit dem Evangelium beschäftigt hätte. Dort wird uns doch eine außerordentlich überraschende Offenbarung zuteil. Christus vermittelt uns, daß sogar die Haare auf unserem Kopf alle gezählt sind. Ja, er hat uns Menschen berichtet, daß dieser Herr der Welten gleichzeitig für jeden einzelnen von uns ein liebevoller Vater ist, der sich in Liebe um jedes einzelne der von ihm geschaffenen Menschenkinder kümmert!"

„Aber woran kann ich das merken?" fragt die unfromm erzogene Frau. „Das ist eine berechtigte Frage", entgegne ich, „denn in der Tat brauchen wir, um in diesen Raum göttlicher Wirkmöglichkeit einzutreten, so etwas wie eine Eintrittskarte, die aber nichts kostet, weil sie vor 2000 Jahren von Christus bereits für uns teuer erkauft und für jeden von uns hinterlegt ist. Auf diesem Billet stehen gewissermaßen nur zwei Worte, die es freilich mit dem Herzen nachzusprechen gilt. Sie heißen: ‚Ich glaube.' Man kann, diese Worte erläuternd, freilich noch etwas fortführen: ‚Ja, ich glaube, daß Du, Jesus Christus, uns den Weg und die Wahrheit zum Frieden der Seele, zur Freiheit von Angst und das Leben über den Tod hinaus geschenkt hast. Ja, es ist wahr, daß jedem von uns persönlich die Engel Gottes dienen, wenn wir dieses Offenbarungswunder als wahr glauben."

„Aber", schluchzt plötzlich die junge Mutter auf, „meine Eltern sind so früh gestorben, ich habe mich so hart allein durchbringen müssen. Meinen Sie, daß es Himmlische gibt, denen ich so wert bin, daß sie sich um mich kümmern?"

„Gewiß", antworte ich, „und der Strom der Bewahrungsmöglichkeit kann um so intensiver fließen, je mehr sich jeder von uns – Gott und Christus anrufend – in ihr Licht, in ihre Nähe stellt."

„Aber deshalb bekommt mein Jan sicher noch keine guten Schulnoten", erwidert skeptisch meine Gesprächspartnerin.

„Gewiß ist es richtig, daß Sie auf die schulischen

Leistungen Ihrer Kinder ein wachsames Auge haben", gebe ich ihr zurück, „aber mit der Einstellung: ‚Ich, Mutter, muß mit aller Gewalt dafür sorgen, daß meine Kinder supergute Zensuren nach Hause bringen', bewirkt man eher, daß die Kinder einen Widerstand gegen die Gängelei entwickeln und – besonders in der Ablösungsphase Pubertät – dann eher weniger als mehr für die Schule tun. Wenn Sie sich statt dessen mit dem Gedanken vertraut machen, daß nur ein Teil und keineswegs alle Verantwortung allein in Ihrer Hand liegt, daß Gott die segnet, die IHM dienen, wie Sie das durch Ihr Leben jetzt ja bereits tun, dann kann die Vorstellung von Ihnen weichen, daß das ganze Lebensschiff Ihrer Familie allein von Ihnen gelenkt werden muß.

Ein solches Gottvertrauen ist wirklich nicht eine illusionäre Eselsbrücke", fahre ich fort. „Versuchen Sie es einfach einmal damit: das Steuer direkt an Gott abzugeben. Sie werden dann erleben, wie entspannend eine solche Einstellungsänderung wirkt! Es sind ja keine leeren Worte, wenn Christus uns im Evangelium zuruft: ‚Sorget nicht um den kommenden Morgen, denn der morgige Tag wird für sich selbst sorgen. Jeder Tag hat genug eigene Plage!' Und: ‚Trachtet zuerst nach dem Reich Gottes, dann wird Euch alles andere dazugegeben.' Das geschieht bei einer solchen Einstellungsänderung dann auf wunderbare Weise ganz wirklich!"

„Aber wie soll ich kleiner Mensch denn nach dem Reich Gottes trachten können?" fragt begriffsstutzig die Landfrau.

„Sie tun es doch bereits ohnehin, tagaus tagein, indem Sie so liebevoll und pflichtbewußt ihrer Aufgabe als Mutter, als Ehefrau, als Bäuerin nachgehen", entgegne ich. „Für Sie ist es allein nötig, das jetzt noch ins Bewußtsein zu nehmen: ‚Ich stehe in einer persönlichen Berufung von Gott, meinem Vater. Ich will sie für IHN erfüllen mit ganz direkter Herzensliebe.' Denn eine solche bewußte Anbetung, eine solche erkennende Hinwendung zu unserem Gott – das ist so, als wenn Sie seine schon seit Jahrzehnten Ihnen ausgestreckte Hand ergreifen. Das aber ist eine große, eine ganz und gar bergende Hand. Hat man sich erst in sie hineinfallen lassen, so wird man hineingenommen in die Größe von Gottes Dimension, die Sie doch auch bereits erahnen. Und dann gelingt es einem auch plötzlich, die kleinen Dinge des Alltags nicht mehr überzubewerten und sich daran nicht mehr, Kraft verschleißend, zu zerreiben. Versuchen Sie es einmal damit – am besten auch, indem Sie neu auf die Suche gehen nach einer Gemeinschaft, die gemeinsam andächtige Anbetung pflegt. Der Krampf wird sich lösen, das darf ich Ihnen verheißen."

„Ich will's damit versuchen", verspricht mit aufgerichteter Fröhlichkeit die besorgte Familienmutter.

Seinen Ehepartner von Gott her lieben

Sie hat ihn unter Druck gesetzt, die tüchtige Bäckersfrau – und nun sitzt mir ihr Ehemann gegenüber, mit
gesenktem Kopf wie ein reuiger Sünder. Seit fast 30
Jahren rackern sie gemeinsam. Ein prächtiger Betrieb
ist durch ihrer beider unentbehrlichen Einsatz entstanden, zwei Kinder sind großgezogen worden und
bereits ausgeflogen. Eigentlich, so meint der das Gespräch einleitende Mann, könnten sie wohl zufrieden
sein und auf einen behaglichen Lebensabend hoffen,
wenn, ja wenn …

Hilflos schaut der Mann zu seiner resoluten Frau
hinüber, die dann auch unverblümt zur Sache
kommt: Leider sei ihr Mann seit mehreren Jahren im
Bett ein Versager und seit er mehrere vergebliche Versuche, mit ihr zu schlafen, habe abbrechen müssen,
habe er jeden weiteren Annäherungsversuch eingestellt. „Er bemüht sich einfach nicht, das wieder in
Ordnung zu bringen", kommentiert die Ehefrau mit
funkelndem Vorwurf im Blick; „er kommt erst gar
nicht auf die Idee, daß er mir dadurch etwas vorent-
hält, das mir als seiner Frau zusteht. ‚Laß mich in
Ruhe', das ist alles, was er zu dieser Misere zu sagen
hat, wenn ich ihn darauf anspreche."

Ob sie ihren Mann liebe, frage ich die Anklägerin.

„Ja, gewiß doch", kommt es etwas ungehalten, „schließlich habe ich das doch wohl durch meine Arbeit gezeigt; aber diese Lahmheit meines Mannes macht mich immer so wütend. Schließlich hat doch jede Frau berechtigte Ansprüche."

„Aber bedeutet Lieben denn nicht, gerade auch die Schwächen des geliebten Partners mit anzunehmen?" gebe ich zu bedenken. „Was heißt hier Schwäche?" empört sich die Ehefrau. „Das ist doch wohl seine eheliche Pflicht!"

Der Mann schaltet sich ein und berichtet nun zunächst einmal stockend und mit leiser Stimme, daß er einen Facharzt aufgesucht und dieser ihm mitgeteilt habe, daß seine Impotenz eine physische Ursache habe, die vermutlich nicht reparabel sei. Er habe das aus Angst, daß seine Frau dann auf und davon ginge, aber nicht gewagt, ihr mitzuteilen. Er hoffe auf Verständnis seiner Frau durch dieses Gespräch zu dritt.

Ich nutze die Sprachlosigkeit der 58jährigen Ehefrau dazu, ihr einen kleinen Vortrag zu halten. „Gewiß sind Sie jetzt enttäuscht, daß Ihr Mann mit Ihnen darüber nicht gesprochen hat", beginne ich, „aber wenn wir beide versuchen, ihn zu verstehen, dann gibt es dafür gewiß einige plausible Gründe": Als erstes, es falle Männern erfahrungsgemäß wesentlich schwerer, über den Intimbereich zu sprechen, und als zweites: das Wertgefühl eines Mannes sei sehr bestimmt von der Fähigkeit, kraftvoll und stark zu sein – besonders auch im sexuellen Bereich. Das Versagen löse Wertverlust- und Schamgefühle aus, die seelisches Leid bedeuten. Und ihre Unzufriedenheit habe das sicher oft bis ins Unerträgliche verstärkt.

Das also gelte es als erstes zu erkennen: daß die Reaktion auf ein so starkes seelisches Leiden gewiß nicht Vorwurf, sondern Mitgefühl und ein Mittragen zur Folge haben sollte, jedenfalls für eine reife Frau, die ihren Mann liebe. Es gäbe für sie aber darüber hinaus einen sehr konstruktiven Trost: Wirkliche Liebe könne ja gewiß nicht gegenseitige Bedienung in Triebbefriedigung sein. Es gehöre zum natürlichen Entwicklungsprozeß, daß sie neue Formen des Ausdrucks fände, in der die Herzensliebe, das Wohlwollen, die liebevolle Rücksicht, gegenseitige Großzügigkeit mehr in den Mittelpunkt rückten. Freilich: das alles ließe sich nicht fordern – wie auch die Intimbeziehung nicht – ja, mit Vorwurf und Anspruch fordern, das sei ohnehin der Generalfeind der Liebe. Das ersticke das lebendige Feuer des Gefühls fast automatisch und mit Appellen an den Willen sei es dann gewiß nicht wieder anzufachen.

Die Bäckersfrau mag sich noch nicht recht überzeugen lassen: „Aber heute ist das doch alles anders", erwidert sie, „heute verkehren die Ehepaare doch bis ins hohe Alter miteinander. Das steht doch in allen Zeitungen und auch, daß das gesund ist und frisch hält."

„Aber zeigt nicht Ihr Beispiel, daß das eine gefährliche Desinformation ist, die da so lautstark und leichtfertig über die Boulevardblätter verbreitet wird? Wird hier nicht geradezu ein „Soll" aufgebaut, das der Wirklichkeit nur allzuoft gar nicht entspricht und dadurch zu ehezersetzenden Fehlvorstellungen führt? Der Ausdruck einer tiefen Gefühlsbeziehung äußert sich doch nicht von der Wiege bis zum Grabe in praktiziertem Coitus! Diese Fehlinterpretation der Lehre Freuds, diese Überdehnung der Sexualtheorie zu einer Art Kunstturnen, das früh geübt werden müsse, um es damit im Alter zu höchster Vervollkommnung zu bringen, ist nicht nur bar aller Natur des Menschen – sie ist eine immens gefährliche Ideologie, weil hier einer der mächtigsten Triebe des Menschen aus dem Zusammenhang gerissen und vergötzt wird. Da aber wir Frauen für Verführung dieser Art besonders anfällig sind, wird heute bereits jede dritte Ehe geschieden, und zwar zu 70 Prozent wegen des Scheidungsbegehrens der Frauen! Sitzen Sie nicht vielleicht einer solchen Verführung auf, durch die nicht Glück, sondern Unglück entsteht?" wage ich zu fragen.

Die Bäckersfrau ist nachdenklich geworden. „Irgendwie stimmt das wohl", meint sie, „unzufrieden mit unserer Situation ist wohl eigentlich gar nicht mein Körper, sondern meine Seele. Eigentlich sehne ich mich wohl danach, daß nicht immer nur die Bäckerei ganz allein im Mittelpunkt unseres Lebens steht, sondern daß es so etwas gibt wie Zeit, um sich auch einmal wieder einander zuzuneigen."

Ich freue mich über die Einsicht. „Und dies ist gewiß eine eheliche Aufgabe, die anzubahnen Sie alle Berechtigung haben", fahre ich fort. „Schließlich gibt es in jeder guten lebenslangen Ehe Phasen, die ihre zeitliche Berechtigung, aber auch ihre Begrenzung haben. Die Existenzgrundlage, der Betrieb, den Sie so fleißig und erfolgreich aufgebaut haben, ist für Sie beide eine überpersönliche Gemeinsamkeit im Dienste der Familie, ja auch der Gesellschaft gewesen, die einen hohen Wert hat. Aber nun nähern Sie sich dem siebten Lebensjahrzehnt. Sie erkennen jetzt mit mehr Übersicht, daß Sie sich für ein übergeordnetes Ziel eingesetzt haben und daß das gute Früchte getragen hat. Nun aber sollten Sie die Arbeit am Betrieb zunehmend mehr an Hilfskräfte delegieren, um ein neues, abermals übergeordnetes Ziel ins Auge zu fassen: den gemeinsamen Weg hinauf zu Gott." Und als die Frau eine unwillige Bewegung macht, fahre ich fort: „Nein, ich meine das nicht im mindesten als eine Leerformel. Ich meine das im Sinne eines praktischen Versuches zu mehr gemeinsamen besinnlichen Stunden, zu einer veränderten Lebensform, in der es auch so etwas gibt wie ein gemeinsames Sprechen über Lebensbewährungen zwecks Einübung in Dankbarkeit gegen ein gnädiges Schicksal. Eine solche Rückschau hat große Vorteile: Dankbarkeit stellt sich ein und mit ihr zufrieden staunende Freude und mit der Freude auch neues dankbares Lieben für den Partner, besonders aber auch für den Schöpfer und Bewahrer Ihres Lebens. Das aber sind echte neue Wege zu einer Gemeinsamkeit, die von einer spontanen verinnerlichten Zärtlichkeit getragen sein kann. Unser Leib verfällt im Alter, ob uns das paßt oder nicht", füge ich hinzu, „und es ist klug, sich rechtzeitig damit abzufinden und sich darauf einzustellen. Daß die Liebe aber wie Phönix aus der Asche sich daraus doppelt flügelmächtig zu erheben vermag, das wird uns zuteil, wenn wir uns besonders im Alter dem zuwenden, der uns mit der Fähigkeit, unseren Partner zu lieben, beschenkt hat: eben unserem Gott.

Seinen Partner von Gott her sehr bewußt zu lieben,

schenkt der Gemeinsamkeit eine ganz neue, tiefere Dimension: Die positiven Seiten treten viel mehr hervor und geben Anlaß zu Anerkennung und Lob. Das Unzureichende kann als gemeinsames Kreuz getragen werden. Und dann hört auch das gegenseitige Sich-Verwunden auf, das aus Angst und Enttäuschung und aus dem Bedürfnis des Selbsterhaltungstriebes, sich abzuschirmen, erwuchs. Auf einmal wird es dann besonders den alten Ehepaaren möglich, die Früchte einer lebenslangen Gemeinsamkeit zu ernten, indem eine lebendig leuchtende Liebe aufscheint, mit der man sich in immer erneuerter gegenseitiger Freude aneinander beschenken kann. Da fällt es einem dann immer als erstes spontan ein, nicht dem anderen etwas abzufordern, sondern ihm wohl zu tun."

Fest eingehakt geht das Paar hinaus. Die Sackgasse ist überwunden. Beide haben verstanden, daß das Schönste ihres gemeinsamen Ehelebens noch auf sie wartet.

Schuld und Reue als anthropologisches Problem

„Ich habe krankhafte Schuldgefühle", sagt die neun-
zehnjährige Conny zu mir in der Sprechstunde. „Seit
mich mein erster Freund, den ich sehr liebte, im Stich
gelassen hatte, habe ich angefangen, mit vielen verschiedenen Männern zu schlafen. Ich fang' mir die so
richtig ein – in Diskotheken, das geht ganz einfach.
Ich schlafe mit ihnen, und wenn sie sich dann in mich
verliebt haben, setze ich sie vor die Tür, indem ich
sage, daß sie im Bett nicht so recht etwas taugen, daß
andere das besser können. Mir macht es unheimli-
chen Spaß, sie so richtig mit Genuß sitzen zu lassen.
Aber nun ist mir eins passiert: Ich kann ohne einen
Mann im Bett gar nicht mehr auskommen. Das hat
mich geärgert, und ich habe versucht, mich zurückzu-
halten, einfach um meine innere Freiheit nicht zu verlieren. Aber je mehr ich mich bemühe, um so
schwerer gelingt mir das. Als ich kürzlich so schnell
keinen passenden Mann fand, hab' ich sogar etwas
mit einem Taxifahrer angefangen. Aber hinterher
sage ich mir: Was soll das? Das ist doch einfach nur
schlimm. Irgendwie fühle ich mich schlecht, eben
schuldig, gemein gegen meine Partner, nicht in Ordnung. Können Sie das wegmachen? Verklemmte

Schuldgefühle – das ist doch Ihr Spezialgebiet, nicht wahr?"

● Ich frage Conny, ob ihr denn irgend jemand Vorhaltungen mache und ihr ihre Lebensweise vorwerfe. „Nein, wieso?" antwortet sie, „ich bin absolut antiautoritär erzogen worden; meine Eltern sind geschieden, und keiner redet mir drein – schon ganz und gar nicht, seit ich selbständig bin." Ich frage sie, ob sie kirchlich gebunden sei. Conny wehrt lachend ab: Nein, nein, damit hätten die Eltern, die auch keiner Religionsgemeinschaft angehörten, sie gar nicht erst belastet. „Ich verstehe, warum Sie das fragen", sagt sie, „Sie wollen wissen, wer mir die Schuldgefühle eingeredet hat; aber das ist es ja gerade, was mich so irritiert: Solche Leute gab es praktisch nicht in meiner Erziehung. Zuletzt hatten wir im Internat einen Lehrer, der sehr progressiv war – und in unserer Klasse haben alle sehr früh mit Geschlechtsverkehr angefangen. Keiner fand etwas dabei. Die Pille nehme ich schon seit drei Jahren. Es wäre im Grunde alles o. k., wenn nicht immer wieder diese nagenden Gedanken kämen, daß es nicht richtig ist, was ich tue."

Ich frage Conny, ob sie denn irgendwelche Befürchtungen habe. „Ja, schon", kommt es zögernd, „ich bin schon ein paarmal geschlechtskrank gewesen; aber das schaffen die Ärzte einem ja rasch wieder weg – dennoch denke ich schon manchmal, daß ich mich irgendwie verpfusche, daß mich eines Tages vielleicht keiner mehr will ... daß ich irgendwie verkomme. Jedenfalls finde ich mich eben einfach schlimm. Jeden Morgen wache ich mit dieser Stimmung auf, und sie macht mich ganz krank. Vielleicht können Sie das mit Hypnose wegmachen?"

Ich sage Conny nach einer gründlichen testpsychologischen Untersuchung, daß das von ihr als krankhaft vermutete Schuldgefühl in ihrem Fall *kein* Kennzeichen von Verklemmtheit sei, sondern im Gegenteil ein – gottlob! – noch vorhandenes Merkmal eines funktionierenden Gewissens. „Gewissen?" ruft Conny aus, „aber wie komme ich denn dazu? Unser Lehrer hat immer gesagt, Gewissen sei lediglich die Folge einer nach innen gewendeten gelungenen Manipulation durch die Erzieher. Das mußten wir richtig mit einem Fachausdruck auswendig lernen: *Gewissen ist die Folge eines introjizierten Über-Ich*. Wir haben nämlich auch Psychologieunterricht gehabt", erklärt Conny stolz.

Ich staune. Zwar ist auch Conny offenbar nicht nur liberal, sondern fremdbestimmend, manipuliert erzogen worden; sie hat eine Schulung zur *Abdressur* des Gewissens durchgemacht – und dennoch plagt es sie! Das spricht für eine erstaunliche Unverfälschbarkeit ihrer seelischen Substanz. Denn es kann ja keine Rede davon sein, daß unser Gewissen, das wie ein Signal aufblinkt, wenn wir Schuld auf uns geladen haben, wie das Bremslicht am Auto durch den Mechaniker von den Erziehern allein eingepflanzt worden ist! Nein, unser Gewissen ist eine bereits vorhandene Funktion, die von dem Augenblick jenes Reifegrades ab in Aktion tritt, in dem der Mensch Gut und Böse zu unterscheiden in der Lage ist.

Daß wir diese Grundwahrheit der menschlichen Psyche in den letzten Jahrzehnten so völlig zu übersehen begonnen haben, liegt daran, daß das Nachdenken über den Menschen in der letzten Zeit zu einer merkwürdigen Entfernung von der gründlichen Beobachtung geführt hat. Das *Wunschdenken* begann in den Wissenschaften vom Menschen über die exakte Forschung zu triumphieren, und zwar ein Wunschdenken, das zum Rausch und damit zur Vernebelung der Wirklichkeit führte. Neu entstand der alte Traum, daß der Mensch eine Tabula rasa (von an-sich-guter Substanz) sei, in die allein die Erzieher ihre Prägungen zu kratzen hätten, und es entstand auf einer solchen verabsolutierten Milieutheorie die Vorstellung, daß Schuldgefühle allein von repressiven Erziehern aus sadistischer Machtlust erzeugt würden. Neu entstand der Rausch vom Menschenparadies – von Menschenhand gemacht. Jede Ideologie neigt dazu, die ihr genehmen Forschungsergebnisse übersteigert zu betonen, andere unangenehme unterdrücken. Und das geschieht heute allenthalben: Schuldgefühle sind in diesem ideologischen Konzept grundsätzlich Negativposten, Ausgeburten einer fehlmanipulierten Fremdbestimmung. Gewissensmißklang ist allein „introjiziertes Über-Ich".

Dabei muß hier unterscheidend festgehalten werden: Die Psychopathologie kennt allerdings das folgende Phänomen: daß ein Mensch von übersteigerten Schuldgefühlen gequält wird: die putzsüchtige Hausfrau, die keinen Feierabend und keine Mittagspause genießen kann, weil sie aus allen Ecken anklagend die Arbeit anstiert; das Schulkind, das sich schlaflos wälzt, weil es fürchtet, in dem sonst gewiß fehlerlosen Diktat einen Satzzeichenfehler gemacht zu haben;

der Angestellte, der Nacht für Nacht über den Akten sitzt, die er am Feierabend mit heimgenommen hat, weil er sich schuldig fühlt, wenn einmal etwas liegen bleibt. Menschen mit solchen Symptomen leiden in der Tat an einer Gewissenskrankheit: an der Wucherung dieser an sich so lebensnotwendigen seelischen Kontrollfunktion. Und diese Schwierigkeit ist meist durch eine extrem leistungsbemühte, zu früh fordernde Einstellung der Bezugsperson hervorgerufen worden. Aber genauso unsinnig, wie es wäre, wenn man dem Herzen seine lebensnotwendige Funktion im Organismus des Menschen aberkennte, weil es das Phänomen „krankes Herz" gibt, genauso destruktiv ist es, dem Gewissen und seinem Ausdruck, dem Schuldgefühl, eine autochthone, ja lebensnotwendige und konstruktive Aufgabe in unserem Leben abzusprechen.

Die Tatsache daß auch der seelisch gesunde Mensch Schuldgefühle kennt, ist ein Kennzeichen dafür, daß er als ein sich selbst Zügelnder mit einer inneren Kontrollfunktion gedacht ist. Als Schuldiger macht der Mensch die Erfahrung, daß er nicht nur gut ist, sondern daß er auch böse zu werden in der Lage ist. Böse sein heißt grundsätzlich, nicht mehr im Einklang zu sein mit seiner Bestimmung als Mensch, nicht mehr im Einklang zu sein mit seinem Lebensauftrag vor Gott und dem Liebesgebot an seinen Mitmenschen. Deshalb schlägt bei manchen Jugendlichen sogar noch jetzt das Gewissen an, wenn sie – trotz aller Manipulationen zur Gewissenlosigkeit – sich nicht konstruktiv, sondern destruktiv, z. B. genußsüchtig, verhalten. Das Gewissen ist eben progressiver als all die Progressiven, die den Menschen Totalemanzipation von der Verantwortung für sich selbst lehren ...

Und auch die neuen Erfahrungen dieser Generation mit der Reue können uns Neues lehren bzw. im Grunde Altes wieder bewußtmachen: Viele Menschen erkennen heute voll wachsendem Mißbehagen, daß sie durch irgendeine Hemmungslosigkeit in einen Zwang geraten. Unzufrieden, ja friedlos werdend – d. h. im Grunde: von Reue geplagt –, beschließen sie, sich zu ändern. Aber nun machen sie die furchtbare Entdeckung, daß das so einfach keineswegs geht. Die Anspannung des Willens, die Fixierung der Gedanken auf den Widerstand gegen eine Haltung, die man bereut, bewirkt, daß er auf die Dauer kaum durchhaltbar ist. Der Mensch gerät in eine Verkrampfung, die es ihm zunehmend schwerer macht, der Versuchung zu widerstehen. Deshalb enthält das Sprichwort „Der Weg zur Hölle ist mit guten Vorsätzen gepflastert" eine so große überzeitliche psychologische Weisheit. Diese Erfahrung des Menschen mit sich selbst hat nun freilich eine furchtbare Folge: Er muß sich in dem Maße, wie er vergeblich gegen das bereute „Laster" ankämpft, eingestehen, daß er schwach ist, daß er keineswegs das Maß an Willensstärke und Willensfreiheit besitzt, das er bei sich ganz selbstverständlich vorausgesetzt hatte. Mit dem permanenten Gefühl von Schuld, mit dem Wachsen des reuevollen Bedürfnisses nach Schuldlosigkeit geht eine zunehmende Einbuße seines Selbstwertgefühls einher. Eine solche Entwicklung kann in negative Teufelskreise führen, so daß der Mensch schließlich in Depressionen bis zur Selbstmordneigung geraten kann. In solchen Situationen bedarf der an seiner Schuld Leidende dringend seelsorgerischer Hilfe.

Der moderne Mensch sieht diese Hilfe nicht immer in der Kirche oder in einem anderen Menschen. Um seiner Schuld zu entfliehen, beginnt mancher heute nach einem anderen ihn entlastenden Wertsystem zu suchen, in dem seine Schuld nicht negativ eingestuft wird. Es gibt viele neu erstellte Verhaltensvorschläge in unserer Gesellschaft, die z. B. auf die Einhaltung der mosaischen Gesetzestafeln keinen Wert mehr legen. Und viele unserer enttabuierenden, liberalisierenden Trends sind manchem Menschen, ohne daß ihm das recht ins Bewußtsein rückt, bitter notwendig, um ihn von der drückenden Schuld zu entlasten. Andere Menschen versuchen ihr eigenes Ungenügen zum neuen Gesetz zu machen, d. h., sie versuchen, Mittäter zu finden in der Hoffnung, auf diese Weise von Schuld entlastet zu werden. Meist helfen solche Versuche jedoch nur eine relativ kurze Lebenswegstrecke: Das Gewissen stellt wiederum bohrend den Anspruch auf Änderung der Situation.

Nicht selten wird die Not so groß, daß Seelenfachleute aufgesucht werden. Manchen echt Schuldigen ist hier geholfen worden. Sie sind von dem sie peinigenden Verhalten und ihren Schuldgefühlen frei gekommen. Wodurch? Meist gibt der Psychotherapeut keine direkten Anweisungen zur Korrektur. Der versierte Fachmann kommt auch keineswegs auf die Idee, seinen Patienten die Schuldgefühle einfach auszureden und für nicht relevant zu erklären. M. E. besteht der entscheidende heilende Effekt in solchen Fällen in der Gegebenheit, a) daß der Helfer durch sein Zuhören zum Mitwisser gemacht wird (das hat bereits einen stark entlastenden Effekt) und b) daß er dem Patienten trotz seines Mitwissens Achtung und Zuwendung zuteil werden läßt. Der Heiler vermittelt dem Patienten die Erfahrung, trotz seiner Schuld nicht verlassen zu werden. Diese Zuwendung hilft dem Leidenden aus der verkrampften Haltung vergeblicher Änderungsversuche heraus, und in diesem entspannten Feld ist die Unterlassung des bereuten Verhaltens dann doch – ja gerade nun erst möglich.

Die Phänomene Schuld und Reue drängen also in die Erkenntnis hinein, daß „mit unserer Macht nichts getan ist", daß sie rasch am Ende ist, daß der Mensch der Hilfe von außen bedarf, daß er gewissermaßen auf Fremderlösung angewiesen ist. Es ist aber Schein, daß der Mensch, der sich in der Psychotherapie einem nicht-direkten Heilverfahren unterwirft, sich gewissermaßen am eigenen Schopf aus dem Sumpf zieht. Der helfende Mensch – selbst der Atheist – vertritt gleichsam unbewußt Christus, der allein die eigentliche Erlösung bewirkt.

Auf unserem Lebensweg gleichen Schuld und Reue elektrisch geladenen Zäunen, die uns signalisieren, daß wir an unsere Grenze gestoßen sind, daß das Leben zum Abgrund wird, wenn wir sie immer wieder übersteigen, zur Sackgasse, wenn wir an ihnen verharren. Änderung der Marschrichtung wird zwingend zugewiesen; aber sie kann nur geschehen, wenn der Mensch in dieser Situation seine Verranntheit einsieht und die Überheblichkeit aufgibt, daß er sein Leben selbst bestimmt. Schuld und Reue zwingen den Menschen zu sinnvollem Fortschritt in die Knie: In dem Augenblick, in dem er es wagt zu beten: „Herr, sei mir Sünder gnädig!" kann ihn nämlich Jesu Verheißung treffen: „Du wirst geliebt, du bist durch meine Liebe erlöst – selbst mit dieser deiner Schuld!" Dabei hat das Gewissen die Funktion des Mahners, die Reue die des Aktivierers zur Bereinigung.

Schuld und Reue haben also höchst sinnvolle Aufgaben im Leben des Menschen: sie nötigen ihn zu seinem Heil auf *den* Weg, der ihn vor heillosem Verderben bewahrt. Psychotherapie ist deshalb in der Tiefe lediglich eine säkularisierte, abgeschwächte Form der eigentlichen Heilsmöglichkeit: durch einen bevollmächtigten Priester in der Beichte diejenige Lossprechung zu erfahren, die Christus seinen Jüngern nach der Auferstehung mit dem Anhauch des Heiligen Geistes als Amtsgabe zu vollziehen zugesprochen hat.

Selbstmord aus Versehen?

Mit großen dunklen, tief besorgten Augen schaut mich das junge Mädchen an, das mir gegenübersitzt. „Also", geginnt es, „daß Selbstmord Mord ist, ist mir klar; ebenso, daß Selbsttötung eine sehr schwere Sünde ist, weil man keine Gelegenheit mehr hat, sie zu bereuen, so daß sie doch eigentlich nicht mehr vergeben werden kann, und deshalb habe ich folgende Befürchtung: Sie bedrängt mich, besonders wenn ich an einer Bahnsteigkante stehe und auf einen Zug warte. Zwar lehne ich Selbstmord ab. Ich bin Christin und will meinem Gott gehorsam sein. Aber es könnte mir doch passieren, daß ich mich – ohne es zu wollen – plötzlich fallen lasse, wenn der Zug einläuft. Muß ich dann in die ewige Verdammnis? Komme ich dann in die Hölle?"

Beates Frage ist – so kann ich ermessen – keineswegs gespielt; denn sie hat eine depressive Veranlagung, die sie periodisch in lange Phasen einer gelähmten Verdüsterung fallen läßt. Das hat ihr Leben schon seit einigen Jahren trotz all ihrer Jugend sehr schwer gemacht. Der Glaube hält sie und ist auch in den dunklen Phasen ihres Lebens ihre Zuversicht. Und dennoch hat sie – ihre Frage beweist das – die Angst, plötzlich einmal die Kontrolle über sich zu verlieren und dem dunklen Sog nachzugeben. Aber noch viel ärger bedrängt sie die Befürchtung, dann von der Befreiung zum ewigen Leben und von der Erlösung durch Christus ausgeschlossen zu sein. D. h. wohl möchte sie in den dunkelsten Stunden die ihr unerträglich scheindende Last des Lebens, aber nicht die ihr verheißende Freude des ewigen Lebens los sein und sich statt dessen gar eine ewige, noch viel unerträglichere Pein einhandeln.

„Sünde, die nicht vergeben werden kann", erwidere ich deshalb, „ist laut Jesu Aussage allein die Sünde wider den Heiligen Geist, und d. h.: nur dann, wenn ganz direkt eine ganz bewußte Entscheidung gegen Gott, wenn ein trotziges Abschwören, ein vorsätzliches Zerschneiden der Verbindung vollzogen wird, mit der wir Christen durch unsere Taufe beschenkt worden sind, machen wir uns für Christus unerreichbar.

Freilich weiß ich nicht, ob es einen Selbstmord aus Versehen wirklich gibt. Das entzieht sich auch der Beurteilung von uns Fachleuten. Aber Gott und Christus können es natürlich beurteilen. Christus kennt unser Herz gewiß besser und wahrer als wir selbst. Und diese Zusage haben wir nun einmal von ihm. Wenn wir im Glauben bleiben, können wir nicht fallen, weder ins Nichts noch in die Hölle. Fallen können wir allein in sein Herz.

Dennoch ist es natürlich wichtig, liebe Beate, nicht mit dem Feuer zu spielen. Viel nötiger ist es, sich in Gedanken vertrauensvoll bei Christus einzubergen, in das Wissen, daß Jesus uns liebt, daß er auch für das Schäflein am Abgrund immer noch, ja gerade für es, der gute Hirte bleiben will. Auf diese seine Stimme zu hören, beschwört er uns ja gerade mit diesem Gleichnis im Evangelium. Alle Menschen kommen während ihres Lebens nicht darum herum, leiden zu müssen. Um darin mit uns solidarisch zu sein, hat schließlich unser Gott dieses furchtbare Riesenkreuz nach Golgatha getragen. Aber weil das gleichzeitig als der Heilsweg für alle unsere Leiden gedacht war und zur ewigen Freude führt, wenn wir sie so geduldig durchtragen wie er, ist alle Lebenslast für Christen keine hoffnungslose Last mehr.

Wichtig ist es also besonders für Sie, Beate, nachdem das Thema von uns beiden bewußt durchgearbeitet ist, auch diese selbstquälerische Frage in Jesu Hand zu legen, und sich voll mit Gedanken und Gefühlen des Geborgenseins durch ihn zu umgeben. Christus, so wissen wir, dienen die Engel. Und den gefährdeten Schäflein schickt er gewiß besonders wachsame Schutzengel. Der steht mit Ihnen an den Bahnsteigen! Bitte denken Sie derlei Gedanken, wenn die Versuchung Sie beschleichen will, aber nicht nur dann, sondern täglich, beim Erwachen, im Gebet, beim Gottesdienst. Die heilige Kommunion beschenkt den Gläubigen schließlich gerade mit diesem: vom Schutz durch Christus bis ins innerste Herz durchtränkt zu werden.

Sehr wichtig ist es für Sie, sich zu verdeutlichen, daß Christus uns Menschen in einer wunderbaren Weise die Sorgen abnimmt. Er befreit uns von der unrealistischen und überheblichen Fehlvorstellung, daß wir die Entscheidungen unseres Lebens ganz allein zu treffen, daß wir immerzu die Selbstbestimmer zu sein hätten. Mit dieser Einstellung – ohne ein Hinauflauschen zu Gott – ist der Mensch meist schnell maßlos überfordert. Und das drückt ihn nieder, das bringt ihn zum Hin- und Hergrübeln und macht ihn so skrupulös.

Denken Sie doch, Beate, daß Sie als gläubige Christin am Bahnsteig von Jesus so beschützt sind, wie als Kleinkind bei Ihren Eltern. Überhaupt wird das Geleitetsein durch die Eltern im Erwachsenenalter für die Gläubigen von Christus übernommen. Bleiben wir bei ihm, so nimmt er uns die weitere Verantwortung ab. Wir dürfen dann Schafe in seiner Herde sein. Einer selbstgerechten Wegführung und eisiger Einsamkeit sind wir dann enthoben. Er übernimmt die Führung für uns in aller Vollgültigkeit. Aber vergessen Sie nicht, für diese Befreiung zur Geborgenheit zu danken!

Ich glaube, daß es Ihnen kaum gelingen wird, von den Himmlischen einen Fahrschein für die Hölle zu bekommen. Christus hat auch für Sie ganz persönlich gesagt: Ich bin bei euch alle Tage, bis an der Welt Ende."

Eine besondere Versuchung

Eine junge Frau schildert mir ihre Not: „Wir haben einen prächtigen Pfarrer in unserer Gemeinde", beginnt sie, „wenn er die Liturgie singt, ist es, als ob der Himmel offen wäre. Man spürt dann, wie tief sein Glaube ist, wie begnadet er ist, wie er wirklich zum Priester brufen ist. Aber auch in der Gemeindearbeit ist er vorbildlich, unermüdlich bereit, dabei warmherzig, offen, jungenhaft fröhlich, obgleich er gar nicht mehr so ganz jung ist", schwärmt sie. „Mich hat das enorm motiviert, mich in der Gemeinde mit zu engagieren. Seit einiger Zeit bin ich Kommunionhelferin, beteilige mich an der Gestaltung unserer Familiengottesdienste und nehme ihm Krankenbesuche ab. Mein Beruf als Verwaltungsangestellte füllt mich nicht eigentlich aus, und seit die Beziehung zu meinem Freund vor drei Jahren zerbrach, bin ich eher scheu geworden in bezug auf nähere Männerbekanntschaft. Aber nun dieser neue Gemeindepfarrer! Ich denke eigentlich von morgens bis abends nur an ihn, ich sehe und höre ihn in meiner Phantasie, ich träume, daß wir verheiratet seien. Irgendwann ist mir mit einem jähen Schreck klar geworden, daß ich mich abgrundtief in ihn verliebt habe.

Ich glaube auch, daß er's längst gemerkt hat.

Manchmal streift mich ein besonders warmer Blick. Einmal hat er mir bei einer Besprechung sogar liebvoll die Hand auf die Schulter gelegt. Zuerst habe ich – seit er bei uns ist – viel bei ihm meine kleinen Alltagssünden gebeichtet; aber eines Tages ist mir klar geworden: In die Beichte gehört vor allem dieses mein Problem; denn so lammfromm, wie ich hier sitze, sind meine Wünsche nicht. Manchmal phantasiere ich es mir aus, wie ich ihn ganz bewußt und gekonnt verführe, ihn an mich fessele – vielleicht auch, indem ich schwanger werde und ihn so zwinge sich laisieren zu lassen. Er ist so „göttlich", er ist der Mann meines Lebens, und ich kann mir nicht vorstellen, je einen anderen so zu lieben wie ihn.

Ich habe also aufgehört bei ihm zu beichten. Aber weil mich meine Not quält, bin ich schließlich zu einem ortsfremden Pfarrer gegangen. Dieser bezeichnet mein panikartiges Verhalten als falsch. Ich solle dieses kostbare, von Gott gegebene Geschenk annehmen. Es gäbe für mich nur den Weg der Offenheit zu meinem Gemeindepfarrer. Eine Freundschaft zwischen einem Priester und einer Frau sei doch möglich. Sie mache beide offener für ihre Mitwelt und menschlicher für ihre Umgebung.

Ich erkläre dem Beichtvater vergeblich, daß mir ein solches direktes Geständnis unmöglich sei. Mein Verhalten mache ihn traurig, erwiderte daraufhin der Priester. Ich würde so keine Ruhe bekommen, beendete er das Gespräch.

Mit diesem letzten Satz hat er mehr als recht bekommen. Jetzt phantasiere ich mir eine Begegnung aus, in der ich unserem Pfarrer meine Liebe gestehe, aber in meinen Träumen bricht dabei meine Leidenschaft geradezu durch und steckt ihn gewissermaßen an. Dann ergreift mich ein quälender Schreck. Was tue ich da? Würde ich für ihn zur Versucherin werden? Würde er dem standhalten wollen und können? Und dann eine andere Stimme in mir, die mir zuflüstert: ,Aber vielleicht ist er Dir überhaupt von Gott als Partner bestimmt? Vielleicht mußt du um ihn kämpfen? Braucht er mich nicht vielleicht auch gerade als Frau, als Intimpartnerin? Ist der Zölibat nicht doch eine unmenschlich harte, eine veraltete Einrichtung? Wäre mein Kampf um diesen Mann nicht vielleicht gar ein Schritt zu neu lebendiger Kirche?' Durch solche Gedanken bin ich innerlich total zerrissen. Ich weiß nicht mehr aus noch ein", beendet das Mädchen ihr Geständnis.

„Ich halte es mit Ihrem Beichtvater in der Tat für möglich, daß Sie eines Tages Ihrer Gemeinde in einer entspannten Gemeinsamkeit dienen könnten", entgegne ich. „Aber ich möchte Ihnen zunächst von einigen anderen bewährten Wegen zur Lösung Ihres Problems erzählen: Ich habe in den langen Jahren meiner Tätigkeit nicht selten erlebt, daß die Liebe zu einem Pfarrer von besonders tiefer elementar drängender Gewalt ist. Das Herz brennt wirklich, und gar nicht einmal unähnlich der verzehrenden Liebe der Jünger für ihren Herrn in dessen Nachfolge. ,Brannte nicht unser Herz', könnte es gewissermaßen auch bei einer solchen Leidenschaft heißen, wie bei Lukas 24–32.

Und dies gilt es als erstes einmal zu durchschauen: Hier ist in der Tiefe der Sehnsucht nach vollkommener Glückseligkeit durch eine verschmelzende Vereinigung mehr enthalten als sexueller Antrieb, mehr auch als Sehnsucht nach seelischer Befriedigung der Geschlechterspannung zwischen Mann und Frau, nach „Wiedervereinigung des Getrennten". Die so tief aufwühlende Liebe der Frau zum Priester, die durch sein Zelebrieren der heiligen Messe ausgelöst wird, enthält bei den frommen, praktizierenden Katholikinnen oft etwas von der drängenden Sehnsucht nach Annäherung, ja nach einer endgültigen Vereinigung mit Gott selbst! Eine Liebe dieser Art darf so leibhaftig fühlen, wie das Hohe Lied es singt, und ist doch nicht Sünde, sondern vermittelnde Zwischenstation auf dem Weg zu Gott. Von größter Wichtigkeit scheint es mir daher, dieses unterscheidend zu begreifen und sich darauf einzustellen. Im Grunde haben Sie es ja längst im Bewußtsein und hier ausgesprochen: Sie erleben Ihren Pfarrer als einen besonders begnadeten, einen wahrhaft berufenen Hirten und Jünger. Das schließt es aber aus, daß er gleichzeitig für die umfängliche Aufgabe eines modernen Ehemannes und Familienvaters parat stehen könnte. Ihr Gewissen sagt Ihnen das auch. Diesen Mann aus seinem kirchlichen Dienst wegzuholen, oder gar durch eine heimliche sexuelle Beziehung ein gebrochenes Verhältnis bei ihm zu seinem Dienst hervorzurufen, das wäre tatsächlich böse Verführung.

Das bedeutet für Sie: Weder das Durchbrechen dieser notwendigen Schranke, noch der gewiß vergebliche Versuch, Ihre Liebe zu verdrängen, würde weiterführen. Erbeten Sie sich von Christus selbst die Kraft, dem besitzergreifenden Teil der Leidenschaft nicht nachzugeben und pflegen Sie die Freude über ihre brennende Gottesliebe in diesem Ihrem Gefühl am besten weiter in der Form von viel gutem gemeinsamen Dienst an der Gemeinde. Dann werden sie erleben, wie sie an der Seite Ihres „Geliebten" in immer helleres Licht kommen werden. Einst werden Sie das annehmen können wie Maria Magdalena, der Christus zurief: ‚Halte mich nicht fest!' (Joh 20–17).

Gewiß braucht man auf diesem Weg viel Geduld, viel Gebet, viel Widerstand gegen immer neue Versuchung – aber das lohnt sich! Denn ist die Weiche erst falsch gestellt, so ist seelische und geistige Verelendung in vielfältigsten Formen Tür und Tor geöffnet. Darüber könnte ich ihnen viele bitter-traurige Berichte vermitteln! Wenn Sie es aber schaffen, die Besonderheit dieser Ihrer Liebe richtig einzuordnen und danach zu handeln, werden Sie tief bereichert aus dem Erleben hervorgehen und vielleicht sogar auch eines Tages die zusätzliche Kraft für die Liebe zu einem ‚irdischen' Partner geschenkt bekommen.

Der Heilige Geist:
Gabe, Wirkung, Aufgabe heute

Ansprache nach der Firmung

Wie wirkte sich das denn nun eigentlich in der Urgemeinde aus – dieses – wie es in der Apostelgeschichte heißt – Angezündetsein mit „Zungen von Feuer, die sich verteilten und auf jeden von ihnen niederließen"?

Nicht allein diese neue wunderbare Möglichkeit, über Sprachbarrieren hinweg verstanden zu werden, ist schließlich die Folge dieser Ausgießung des Heiligen Geistes im Pfingstwunder, sondern vor allem das jubelnde Durchdrungensein von der Wahrheit, die Petrus in seiner ersten großen überlieferten Predigt ausrufen läßt: „Mit Gewißheit erkenne das Haus Israel: Gott hat ihn zum Herrn und Messias gemacht – diesen Jesus!" Diese jubelnde Erkenntnis, in der aller Schrecken und alle Furcht der vergangenen Tage ihr Ende haben, macht es schließlich aus, daß nun die Apostel – in Gemeinsamkeit mit der Mutter Maria und den Frauen im Gefolge des Herrn – aufbrechen konnten zu einem vollmächtigen Wirken in *diesem* Geist und zu einem Verbreiten der so frohen, heilsamen, erlösenden Kunde.

● Angezündetsein vom Heiligen Geist – das heißt gewiß seitdem für alle Zeiten und auch für uns mit tiefster seelischer Erschütterung – vom Blitzstrahl der Erkenntnis getroffen zu werden: Ja, *das* ist es! Christus ist *mein* Weg, ist *meine* Wahrheit, ist *mein* Leben – in aller Ewigkeit, ja er ist *die* einzige Wahrheit, die Offenbarung unseres Schöpfers, daß ER Liebe, daß ER ein Übermaß an Liebe für uns Menschen ist – ja, mehr noch: daß Gott jeden von uns geschaffen hat, damit wir in freier, gläubiger Entscheidung daran mitwirken, daß Gottes Reich, eben das Reich der Liebe, hier auf der Erde kommen kann.

Ob dieses heilige Flämmlein in den Herzen der für einen solch heiligen Lebensauftrag gefirmten, gefestigten jungen Menschen glüht?

Ob das Be-Geistert-Sein erhalten bleibt? Dafür tragen wir als Gemeinde Verantwortung mit, und Hoffnung können wir darauf gewiß nur haben, wenn wir *lebendige* Gemeinde bleiben, wenn wir selbst die kleinen Flammen in unseren eigenen Herzen und über unseren eigenen Köpfen nicht verlöschen lassen, wenn wir das Licht unseres Angezündetseins so leuchten lassen, daß es die Jungen herbeiruft und sie eben be-*geist*ert, im wahrsten Sinne des Wortes.

– Bei Appellen dieser Art pflegt nun freilich heute im allgemeinen das große Schulterzucken einzusetzen. Wie junge Menschen heute noch für den Glauben be-Geistern? In den 70er Jahren kam man auf die Idee zu meinen: indem man sich ihren Moden, ihren Songs per action anpasse. Aber längst hat die Erfahrung gezeigt: mehr als ein Strohfeuer, das rasch wieder verlöschte, wurde dadurch nicht erbracht. Und das lag vor allem daran, daß eine Voraussetzung mißachtet wurde: Begeistern für die Wahrheit durch Hilfe des Heiligen Geistes – das ist nur durch Anzünden von Person zu Person möglich.

– Wir also, die Gemeinde, die Geistlichkeit und ganz und gar die, die zum Kirchenvorstand und zum Pfarrgemeinderat gehören, müssen etwas zum Anzünden von uns selbst einbringen – ja wir müssen selbst *be*-Geistert sein! Und das ist schließlich nicht im mindesten eine Leerformel oder ein nicht realisierbares Unterfangen; denn Christus selbst hat uns verheißen, daß der Herr niemandem seinen Heiligen Geist versagt, der eifrig und inständig immer neu darum bittet. Dieses Tor steht uns praktizierenden Christen also herrlich weit offen und ist Anlaß zu großer Dankbarkeit gegen unsere Kirche! Zu fragen bleibt deshalb also eigentlich nur: Was machen wir mit unseren Flämmlein? Packen wir sie gewissermaßen als eine Art Taschenlampe für dunkle Zeiten in unsere private Handtasche und nehmen sie so unter-Verschluß aus der heiligen Messe mit nach Hause?

Das ist – so sagt uns unser Herr mit der Anweisung, daß das Licht nicht unter den Scheffel gehört, das sagt uns auch die große Petruspredigt am Pfingsttag – nicht im mindesten gemeint! Und so darf es *heute* ganz und gar nicht sein! Denn *Heute* – das ist eine Zeit, in der der Teufel unverhüllt wie ein brüllender Löwe durch unser Land läuft und abzuholen sucht, was sich abholen läßt, z. B. hinein in die Überheblichkeit der Vorstellung, Zukunft ohne Gott, allein von Menschenhand machen zu können, abzuholen in ein Sich-fallen-Lassen in die Ersatzbefriedigungen vom Alkohol bis zum Kokain und damit hinein in die Verelendung, in die Fesselung an die Sucht und in einen verfrühten Tod, abzuholen in die Ungeordnetheit des Sich-alles-Erlaubens und damit des moralischen Verfalls mit all dem daraus resultierenden persönlichen Unglück, wie ich es aus 1000-und-einer-Nacht-Geschichten aus meiner psychotherapeutischen Praxis erzählen könnte, abzuholen in die blasphemische Gottlosigkeit und in Ersatzreligionen bis hin zu all den seelenzerstörerischen neuen Zauberkulten unserer Tage. Millionenhaft, so sagen seriöse Statistiken, beschwört das bereits in der Bundesrepublik großes Unglück herauf – langfristig meistens schon hier im Leben, tödlich oft und dann Unglück gewiß auch jenseits der Lebenszeit.

Heute, das ist eine Zeit, in der es darauf ankommt, daß vom Heiligen Geist angezündete Christen hellwach sind und den so gefährdeten Menschen diese Situation klarmachen. Aber das geht nur, wenn man sich vorher liebevoll um sie gekümmert hat, wenn man ihnen Liebe vorlebt und so Gottes frohe Botschaft einsichtig macht! Denn schließlich, so wissen wir aus Mt 24, schließt Gott diese seine Schöpfung, Erde und Mensch, nur ab, wenn hier die Liebe erkaltet ist! Wie dringlich, wie unbedingt lebensnotwendig ist also unser Einsatz; denn er ist schließlich jedem möglich, jedem in seinem Umfeld, auf seine Weise, mit seinem Nächsten und in unserer Gemeinde. Wie unaufschiebbar ist es in dieser unserer Welt, in der in so vielfältiger Weise die Liebe zu erkalten beginnt, im Geist der Wahrheit, im Heiligen Geist, im Geist von Jesus Christus gegenzuhalten gegen diese Schlammfluten der Lieblosigkeit! Heute Christ sein, das heißt, sich von Gott persönlich herausgefordert zu fühlen und um die so gefährdeten Seelen mitzukämpfen!

Wir sind angesichts des Zusammenbruchs der atheistischen Ostblockstaaten als Christen sogar ganz besonders herausgefordert. Aber wo und wie auch immer – wir alle haben gewiß keine Zeit mehr für kleinliche Querelen. Es ist gewiß nicht die Stunde, uns an einigen theologischen Streitpunkten festzubeißen. Leute z. B., die in dieser Stunde unsere Kirche zu spalten suchen, haben trotz all ihrer Gelehrsamkeit gewiß nichts, aber auch gar nichts begriffen von der so gefährdeten Situation, in der wir stehen! Sie verhalten sich wie die Verteidiger einer Burg, gegen die gerade ein böses Riesenheer herangerückt ist, die nun in dem Augenblick, wo es darauf ankommt, alle Kräfte zu sammeln, eine Meuterei vom Zaun brechen!

Oh, wir sind so herausgefordert als die von Gottes Wahrheit Angezündeten! Wir müssen – jeder einzelne an seinem Platz und gemeinsam – in *einigem* Geist die helle Lampe unseres Herrn schwenken und ihn so sichtbar machen. Nicht sich ducken ist in dieser Stunde gefragt, sondern tapferer, bekenntnisfreudiger Eifer! Wir müssen durch unsere Art zu leben, aber auch mit Worten den so gefährdeten Menschen unserer Zeit einsichtig zu machen suchen: Um Himmels- und um Euretwillen – fügt Euch doch nicht so unnachdenklich hinein in eine Anpassung an den *gott*losen Zeitgeist! Ihr fügt Euch damit – wie die Großexperimente ohne Gott in unseren Gesellschaften längst einsichtig gemacht haben – auf Dauer nur Elend zu! Kommt, wir helfen Euch mit allem, was in unseren Kräften steht, um Euch anzuzünden zum Mitlieben, indem wir einander annehmen, einander gegenseitig gut sind, einander immer neu vergeben und füreinander einstehen! Wenn wir so Vorbilder sind, in aller Bescheidenheit und in allem Wissen um unsere eigene Unzulänglichkeit und Sündhaftigkeit, dann dürfen wir hoffen, daß auch die Menschen zu leuchten beginnen, für die wir verantwortlich sind. Bringen wir mit fröhlichem Bekennermut unsere Gemeinsamkeit und Gemeinschaft zum Ausdruck, in der Einsicht, wie nötig in schwerer Not heute das Sichscharen der Getreuen um das heilige Kreuz unseres Herrn ist. Dann können wir auf jene Dimension hoffen, in der sich Begnadung ereignet.

Bleiben wir in der immerwährenden Bitte um den Heiligen Geist, so werden wir auch eine sich in Christus immer wieder erneuernde Gemeinde bleiben können. Denn Er, Jesus Christus, Er allein macht schließlich alles *neu!*

Christa Meves
in der Herderbücherei

Der alte Glaube und die neue Zeit. Christsein – geht das noch? Band 1541, 188 Seiten, 3. Aufl. 1990

Antworten Sie gleich! Lebenshilfe in Briefen, Band 635, 144 Seiten, 5. Aufl. 1984

Aus Vorgeschichten lernen. Vom Massenelend vermeidbarer seelischer Erkrankungen, Band 1231, 124 Seiten, 1985

Die Bibel antwortet uns in Bildern. Tiefenpsychologische Textdeutungen im Hinblick auf Lebensfragen heute, Band 461, 156 Seiten, 15. Aufl. 1990

Bist du David? Junge Menschen von heute erleben biblische Schicksale, Band 1069, 125 Seiten, 2. Aufl. 1986

Ehe-Alphabet, Band 485, 128 Seiten, 27. Aufl. 1990

Eltern-ABC. Elemente einer christlichen Erziehung, Band 1724, 158 Seiten, 2. Aufl. 1991

Erziehen lernen aus tiefenpsychologischer Sicht. Ein Kursbuch für Eltern und Erzieher, Band 1031, 256 Seiten, 6. Aufl. 1989

Glücklich ist, wer anders lebt. Vitamine gegen den Zeitgeist, Band 1652, 127 Seiten, 2. Aufl. 1990

Das Großeltern-ABC. Was man wissen muß, um mit Kindern und Enkeln glücklich zu werden, Band 1019, 160 Seiten, 8. Aufl. 1991

Ich reise für die Zukunft. Ernste und heitere Vortragserlebnisse, Band 715, 143 Seiten, 2. Aufl. 1982

Im Schutzmantel geborgen. Gespräche mit Leidenden, Band 1613, 158 Seiten, 1989

Kraft, aus der du leben kannst. Geburtstagsbriefe an die Enkel, Band 1117, 141 Seiten, 4. Aufl. 1990

Lange Schatten – helles Licht. Aus dem Tagebuch einer Psychagogin, Band 590, 158 Seiten, 6. Aufl. 1983

Lebensrat von A–Z. Ehepartner – Kinder – Großeltern. 3 Bestseller in einem Band: „Ehealphabet" – „Großeltern-ABC" – „Problemkinder brauchen Hilfe", Band 1187, 347 Seiten, 5. Aufl. 1990

Mut zum Erziehen. Seelische Gesundheit – wie können wir sie unseren Kindern vermitteln? Band 1360, 127 Seiten, 2. Aufl. 1990

Positiv gesehen. Lichtblicke in schwieriger Zeit, Band 1501, 124 Seiten, 3. Aufl. 1991

Typisch Mutter! Über Muttertypen und ihre Kinder, „eltern-ziele", 60 Seiten, 4. Aufl. 1983

Unsere Kinder wachsen heran. Wie wir ihnen helfen können, Band 1269, 124 Seiten, 3. Aufl. 1990

Was unsere Liebe vermag. Hilfe für bedrängte Eltern, Band 1104, 317 Seiten, 1984

Wunschtraum und Wirklichkeit, Band 433, 156 Seiten, 13. Aufl. 1984

Wurzeln des Glücks. Lebenshilfe aus Erfahrung, Band 1356, 315 Seiten, 1987

Zeitloses Maß in maßloser Zeit, Band 1742, 125 Seiten, 1991

Zusammen mit Dieter Günter:
Neue Schulnöte. Wie Eltern vorbeugen und abhelfen können, Band 1689, 157 Seiten, 1990

Zusammen mit Joachim Illies:
Unterwegs. Ein Briefwechsel in der Not unserer Zeit, Band 769, 173 Seiten, 3. Aufl. 1983

Zusammen mit Heinz D. Ortlieb:
Macht Gleichheit glücklich? Band 682, 160 Seiten, 4. Aufl. 1984

Herderbücherei